JN409169

영원한 희극

손정숙 수필집

도서출판 진실한 사람들

정금 같은 삶

은퇴까지의 삶을 은메달 경주라 한다면 은퇴 후의 삶은 금메달 경주라고 말했습니다. 취미 난에 독서라고 쓰기만 하던 문학을 본업으로 삼고 싶다는 글도 썼습니다. 지금 나는 금메달 경주를 열심히 달리고 있는 중입니다. 이 금메달은 목적지까지 제대로 가기만 해도 절로 얻게 된다는 것은 달리면서 깨닫게 된 지혜입니다.

성경은 사람의 수명을 130세라 하였습니다. 그런가 하면 미국 알베르트 아인슈타인의과대학 연구팀은 40여 개국의 인구통계와 사망률자료를 분석한 결과 인간의 수명은 115세가 한계라는 논문을 발표하였습니다. 이들은 모두 세간에 회자되는 백세 인생이 타당한 주장이라는 근거를 제시해 준다고 할 수 있습니다. 하지만 인간의 나이가 몇 세이던 마지막 한 숨까지 온전하게 살 수 없다면 수명의 길고 짧음은 아무런 의미가 없을 것입니다. 나이가 많아짐에 따라 겉 사람은 점점 후패한다는 사실은 피할 수 없는 진실입니다. 한두 번 주저앉다보면 결국 습관화되고 고정화된 나태함에 빠져들고 마침내 의욕상실과 무기력한 삶을 살게 될 것은 정한 이치입니다. 자기 수양과 수련을 위해 육신이 후퇴하는 만치 더 강력한 추진력이 필요한 세대가 은퇴 후 세대가 아닐까 생각됩니다.

새 수필집을 준비하면서 책 출간이 과연 많은 사람들에게 의미 있고 정서적으로 영적으로 지혜로운 이득을 주는 일일지 갈등하였습니다. 수필의 문학성을 인정하기에 인색한 풍토에서 내 글의 위상을 잠 못 이루며 고민한 적이 있습니다. 문학인지, 문인생활에 분주한 것인지 수없이 반문하던 시간들이 주마등처럼 지나갔습니다.

재외동포문학상 우수상 수상은 여러 가지로 큰 기쁨을 안겨준 뜻 깊은 상이었습니다. 내 안에서 들끓던 회의와 방황을 튼튼히 붙잡아 주는 버팀목이었습니다. 문학은 동등하다는 문학관을 일깨우고 새로운 자신감과 각오를 다지게 하였습니다. 개인적인 능력을 평가받는 기쁨에 더해 수필의 문학성을 인정받고 지난 모든 시간들이 의미 있는 보상을 받는 감격의 상이었습니다. 요즘 자주 듣는 말들 중에 '내 나이가 어때서…' 와 '그 나이에…' 가 있습니다.

노래로까지 애창되는 '내 나이가 어때서…' 는 능력과는 상관없이 산술적인 고정관념에 떠밀려 양보해야 되고 겸손을 강요당하는 은퇴자들의 저항이라고 풀이하는 목소리가 큽니다.

그러나 나는 이 노래를 나 자신을 향한 내적 수련의 따가운 채찍으로 듣고 싶습니다. 좌절하지마라. 힘을 내라는 격려사로 감수하는 것입니다. '그 나이에…' 란 역시 상상을 초월하는 능력의 성취를 자축하는 윤활유로 받아들이려 합니다.

금메달 경주는 급하게 달리는 경주가 아니라는 지혜의 터득은 지난 세월 뛰면서 스쳐 보낸 온갖 귀한 사물들을 찬찬히 살펴보는 여유를 누리게 합니다. 이 시간까지 이끌어온 그 길을 따라 온갖 역경과 좌절을 견딘 후에 내가 정금같이 나오리라는 확신이 발걸음을 가볍게 해 줍니다. 마지막 푯대를 향해 치우치지 않고 꾸준히 금메달 경주를 할 것입니다. 추임새를 넣어주는 가족과 친구와 이웃과 동행하는 경주는 참으로 즐겁고 복된 달리기일 것입니다.

나의 가는 길을 오직 그가 아시나니 그가 나를 단련하신 후에는 내가 정금같이 나오리라.

2016년 겨울 손 정 숙

차례

서문 / 3

1부

013 ‖ 심술 일지
018 ‖ 사막의 런던브리지
021 ‖ 까마귀와 토템폴
024 ‖ 마디 그라
028 ‖ 보헤미안의 거리
033 ‖ 얼음 무지개
037 ‖ 봄, 매풀시럽을 달이다
041 ‖ 어머니의 축원
045 ‖ Lost Lake
048 ‖ 마지막 능소화
053 ‖ 두 화가의 추상화전

2부

059 ‖ 기쁨의 통로

062 ‖ 스친 인연

066 ‖ 겨울 장미 백 송이

069 ‖ 인도 여행 · 1

075 ‖ 인도의 세 길

081 ‖ 타지마할

085 ‖ Holy 축제

089 ‖ 온타리오 타지마할

092 ‖ 티티카카호수에 떠도는 풀섬

095 ‖ 묵조 묵새

3부

101 ‖ 꼴까 골짜기의 새
105 ‖ 마추픽추
109 ‖ 인디오의 눈물
113 ‖ 론다, 하늘 위 정원
118 ‖ 안달루시아의 나그네
123 ‖ 외로운 별, 텍사스
129 ‖ 그림의 착색 착시
133 ‖ 동백꽃과 미스 킴 라일락
138 ‖ 그림 그리는 작곡가
141 ‖ 먹골배의 향수
144 ‖ 삼동골짜기의 바람소리

4부

151 ‖ 묵어 묵계
155 ‖ 문을 닫고 들어오라
159 ‖ 배달의 자손
164 ‖ 색깔의 소리가 주는 정원교향악
167 ‖ 존재의 발견, 기적
171 ‖ 김밥 예찬
175 ‖ 풀향기
180 ‖ 흰 눈처럼 소복이
183 ‖ 어머니 날 어머니 마음
187 ‖ 어머님의 하얀 손수건
191 ‖ 원시인과 공존하는 이상향

5부

197 ‖ 영원한 희극
201 ‖ 옷이 날개
206 ‖ 옹기 항아리
210 ‖ 원시인과 Galaxy Note Ⅲ
214 ‖ 일송정 푸른 소나무
218 ‖ 캐나다에 번창하는 무궁화
221 ‖ 컴퓨터 키보드
225 ‖ 누가 답을 알랴
229 ‖ 통일의 날에 부르고 싶은 교가
236 ‖ 호랑이부터 그리라
240 ‖ 유리 국수
245 ‖ Andalusian Pilgrim
251 ‖ Discovery of reality and existence, miracles

1부

심술 일지

사막의 런던브리지

까마귀와 토템폴

마디 그라

보헤미안의 거리

얼음 무지개

봄, 매풀 시럽을 달이다

어머니의 축원

Lost Lake

마지막 능소화

두 화가의 추상화전

심술 일지

도서관 앞에서 우회전 신호 대기 중에 차문을 휙 열고 내려버렸다. 어! 마미! 남편과 아이들이 동시에 비명을 질렀지만 신호가 바뀌자 그대로 앞으로 갈 수밖에 없었다. 방금 나온 도서관으로 바람을 일으키며 걸어갔다.

남편이 학위를 끝내면 내가 공부를 하기로 했는데 형편은 그렇지가 못했다. 나의 일상은 내면이 굳어지고 기계적이 되어 가는 듯 자기상실의 늪에서 헤어나지 못하고 있었다. 지성과 감성이 조화를 이루며 굴러야 할 내 인생의 수레바퀴는 헛간 구석에 내 팽개쳐진 농기구처럼 문득문득 삐거덕거리는 쇠소리를 내며 사방에 시뻘건 녹 부스러기를 날려 눈앞을 절망의 핏빛으로 덮어 버리곤 하였다. 견디다 못한 나는 기어코 대학에 등록을 하였다. 숨 막히는 자괴감에서 어떻게든 탈출하려는 몸부림이었다. 좀 더 기회를 보자고 만류하였지만 한 번 솟구친 의욕을 굽히기는커녕 나는 가정과 공부를 균형 잡으면서 멋지게 양립시킬 자신이 있다고 속으로 기세까지 부렸었다.

헌데 막상 공부를 시작하고 보니 책을 무기삼은 전투였다. 내일은 오후에 큰 시험이 있었다. 아침에 시험 준비를 더 할 심산이었는데 공교롭게 오전에 시민권취득 선서식이 있어 그 보충공부를 하고 있었다. 피아노 레슨을 마친 아이와 나를 픽업하기로 한 시간이 틀어져서 남편도 나도 신경질이 되어 있었다. 책은 펴놨는데 머릿속엔 내 집 저녁풍경만 어른거렸다. 저녁밥은 제대로 찾아 먹었는지… 아직도 콧김은 덜 꺼진 연기처럼 피어올랐다. 그 말만 하지 않았어도… 아늑한 화장실이 떠올랐다. 외부와 차단된 최상의 공부방이었다. 히터의 바람소리만 윙윙거릴 뿐 아늑하고 편안한 공간에서 공부를 하노라면 어느새 새벽녘이 되어 오곤 했다. 베르톨트 브레히트는 화장실이 생명의 영감을 얻을 수 있는 가장 사랑스러운 장소라고 칭송하였다. 심신의 포만감에 따른 감성과 지성의 탐구를 뜻한 것일까 잡념만 오락가락 하였다. 어두움은 순식간에 검은 장막을 치듯 열람실 유리창엔 내 모습이 비치고 있었다. 관리인이 열쇠를 철커덕거리고 들어오더니 정문을 잠근다고 하였다. 졸지에 쫓겨난 신세가 되고 보니 온몸이 덜덜 떨리면서 배도 고파왔다. 문득 의과대학 교직원 도서관이 떠올랐다. 다행히 건물 옆문은 열려 있었다. 남편의 연구실을 지나

도서관에 들어가 깊숙이 자리 잡고 앉았다. 그런데 이번엔 부~ 웅~ 진공청소기를 들이대며 폐관시간이라는 것이었다. 11시. 이제는 버스도 끝났고 전화도 걸 수가 없다. 쩔쩔 매던 나는 주섬주섬 갈 채비를 하는 교수께 공부할 곳을 물었다. 이층에 아직 실험하는 방이 있을 거라고 알려 주었다. 낮에는 그렇게도 활기차고 분주하던 건물이 천장에 희미한 전등만 매단 채 졸고 있어 오히려 음산하기까지 했다. 내 발자국 소리만 저벅저벅 울리는 긴 콘크리트 복도를 두 주먹을 쥐고 뛰다십이 걸었다.

닫힌 문들이 덜컹 열릴 것만 같은 연구실들을 지나 좁은 층계를 오르면서 척척 감기던 무서움은 발걸음을 뒤로만 잡아채었다. 문이 빠끔히 열린 교실 앞으로 주뼛주뼛 다가갔다. 음악소리가 어찌나 큰지 세 번째 노크를 하고서야 문이 열렸다. 환한 불빛이 복도로 쏟아져 눈이 부셨다. 여학생을 발견한 그들은 흠칫 놀라 뒷걸음질을 쳤다. 난처한 표정이더니 마지못해 들어오라고 하였다. 한 발작 들어서다 그만 그대로 숨이 멎는 줄 알았다. 왜 그들이 그렇게 놀랐는지 짐작되었다. 벽에 붙어선 진열장엔 해골바가지, 팔, 다리… 뼈대뿐인 거인이 뻥 뚫린 눈에 이를 악물고 나를 노려보았다. 그 교실은 해부학 연구실이었다.

머리를 들 수도 없이 책장만 들여다 보고 있자니 금시라도 뒤에서 기다란 부챗살 손가락이 어깨를 툭툭 칠 것만 같았다. 웅~ 웅~하는 전기기구들 소리가 왜 그렇게 왕거미 다리처럼 목덜미를 스치고 기어가는지 솜털이 다 곤두서듯 으슬으슬했다. 이제는 이곳을 빠져 나갈 수도 없었다. 옴짝하면 일시에 뼈대들이 일어나 움직일 것만 같았다. 한 학생이 머뭇거리더니 집에 가려는데 원하면 문을 열어 놓겠다고 하였다. 해골의 앙다문 잇새가 벌어지는 듯, 뼈다귀들이 흔들흔들 어지러웠다. 아래층에 아직 교수님이 계신데 가겠느냐고 다시 물었다.

새벽 3시. 교수님과 학생들이 다 떠난 건물엔 나만 남게 되었다. 머리 위에선 골격부대들이 전부 일어나 따그락거리며 춤판을 벌리고 있을 것 같았다. 뼈. 뼈. 엉뚱하게 뇌 속에 쑤셔 넣은 기억들이 불쑥 튀어나왔다. 아기는 305개의 뼈를 가지고 태어나나 성인이 되면 206개로 줄고 7년마다 뼈의 위치가 바뀐다. 갈비뼈는 24개 내장을 방어하고… 퍼뜩 한 생각이 새치기로 끼어들었다. '남자의 갈비뼈 하나를 뽑아 여자를 만들고…' 200여 개의 뼈들이 부딪치면 뚜덕대는 건 당연한 이치일 것이다. 뼈대 있는 인간들이라고 곧추 세운 자존심을 건드리면 더 큰 소리가 날 것이다. 마음 빗장이 슬며시 힘을 잃고 풀어졌다.

복도 끝을 살펴보니 가느다란 불빛이 새어나왔다. '어데 있었어. 내 방에서 공부하라고 출입문, 방문 다 열어 놨는데…' 순간 온 가족에게 충실하면서 나 자신에게도 유익하기란 평형으로 이루어질 수 없는 일이라는 걸 밝히 깨달았다. 희생이 없는 한 어느 쪽도 완전할 수가 없는 것이다.

-이제는 때각거리는 뼈 소리를 노래 소리로 듣는 훈련이 필요함.-

귀 달린 화병

사막의 런던브리지

London Bridge is falling down, falling down… 어린이들의 동요로 유명한 런던브리지는 1176년 Peter of Colechurch에 의해 건설되었다. 1209년에 통나무다리로 교체하였는데 편편하지 못한 표면 때문에 자주 수리를 하여야 했다. 600여 년을 존속해오던 이 다리는 좁고 낡은데다 강상의 교통마저 가로막게 되어 교체하지 않으면 안 될 형편에 놓이게 되었다.

1799년에 새 다리에 대한 디자인 공모를 실시하게 되었고 엔지니어 존 레니(John Lennie)가 디자인 한 다섯 개의 아치가 있는 돌다리로 교체하게 되었다. (1824년에 시공, 1825년에 초석을 놓음) 옛 다리는 새 다리가 건설될 때까지 사용하다가 1831년에 허물었다.

1896년, 런던브리지는 런던에서 가장 번잡한 곳이 되었다. 매시간 8천 명의 사람이 도보로 건너고, 9백 대의 차가 이 돌다리를 통과하였다. 1902-1904년에 런던의 교통체증을 해소하기 위하여 다리 폭을 52피트에서 65피트(16-29m)로 넓히게 되었다. 확장공사는 결과적으로 너무 많은 무게를 실어주어 다리는 매 3년마다 1인치(3cm)씩 갈아 앉았다. 1924년 다리의 동쪽 부분이 서쪽보다 3-4 인치(102mm) 낮아졌다. 급기야 1967년 런던 시의회는 런던브리지를 시장에 내 놓게 되었다.

1968년 4월 18일에 Lennie가 건설한 돌다리는 미국 기업가 Robert McCulloch Oil 회사의 Robert P McCulloch에게 2백 4십 6만 달러에 팔렸다. 경매에 참가한 그는 다리를 뜯는데 드는 경비 1백 2십만 달러를 2배로 계산하여 2백 4십만 달러와 다리건립이 완성될 때까지의 자신의 나이 60에 매년 1천 불씩을 가산한 6만 달러를 더하여 총 2백 4십 6만 달러에 입찰하여 낙찰을 얻어냈던 것이다. 영국 런던에서 미국 '아리조나'까지 운반에서 재건축까지 포함한 총 경비는 5백 1십만 달러였다.

McCulloch는 새로 건립된 English Village의 정문인 장식철문도 영국 Worchester Whitley Court에 있던 Dudley백작 저택에서 사 들였다. 이것도 운반 조립까지의 총경비가 5백 1십만 달러가 소요되었다. 다리를 뜯어내서 돌덩이 하나하나에 번호를 붙여 상자에 담아 운반하여 재조립을 쉽게 할 수 있도록 세심하고 치밀한 노력을 기울였다.

드디어 1971년 10월에 런던브리지는 Arizona의 Lake Havasu City에 원형대로 재건축되었다. 1천 2십만 달러의 휴양지가 건설된 것이다. 런던브리지는 강물의 흐름을 Lake Havasu에서 Thompson Bay로 돌려 세우며 안개 낀 데임스 강이 아닌 사막의 뜨거운 햇살을 눈부시게 되쏘고 있었다.

Lennie의 런던브리지는 Arizona에서 Grand Canyon 다음으로 관광객이 많은 여행지가 되었다. 1975년 당시 레이크 하바수의 인구는 1만 5천여 명에 불과했으나 2007년에는 5만 5천여 명, 지금은 유람선이 오가는 사막의 관광명소가 된 것이다. 러시아에서 알라스카를 사고 멕시코에서 자그마치 미국 영토의 3분지 1에 해당하는 5개주(텍사스 주, 뉴멕시코 주, 애리조나 주, 캘리포니아 주, 네바다 주)를 사들인 미국이 이번엔 영국의 자존심을 끌어왔다고 쾌재를 부른다. 세계 5대양 6대주, 해 뜨는 데서 해 지는 데까지 다 영국이라고 으스대는 그들에게 런던브리지는 과연 얼마만한 자존심일까. 6백 년 전통의 자존심과 5백여만 불의 돈과의 힘겨루기일까. 아니지. 신앙의 자유를 찾아 메이플라워에 자맥질당한 탈주자들. 순수한 웃음을 빼앗긴 청교도들의 망향이 더욱 뜨겁게 작열한다. 사막의 오아시스에서.

까마귀와 토템폴

Alaska Ketchikan의 인디언 마을엔 집집마다 토템폴이 있다.

자세히 보면 토템폴의 꼭대기에 까마귀가 있다. 이 집은 까마귀 씨족의 집안이다. 우리의 성씨 김, 이, 박 씨처럼 문중을 의미하는 새와 혹은 동물의 머리조각을 볼 수 있는데 알라스카에선 까마귀 가문이 제일 귀한 가문이라고 한다. 가운데 원형안의 인물이 현재 이 집에 살고 있는 가장이고 그 위는 가족들, 그리고 아래는 조상들이라고 한다.

토템폴은 문패로, 죽은 사람을 기념하거나 역사의 기록을 위해, 혹은 사회적 행사나 전해내려오는 전통을 표시하기 위해 세우지만 종교적으로 경배, 숭상하지는 않는다.

19세기 한 선교사가 우상이라고 마을의 토템폴을 다 때려 부셨다는 분노의 역사를 가지고 있다. 인디안들의 자각운동이 펼쳐진 19세기 말에 다시 복원된 토템폴들이 토템폴 공원에 생활형태유적들과 함께 보존되어 있다.

까마귀는 참새목과에 속한 새로 다른 까치, 어치의 평균 크기보다 크다. 알라스카의 까마귀(Raven)는 크기가 큰 독수리보다 더 커서 두 날개를 펼치면 땅에 그림자를 그릴만큼 크고 우람하다.

오적어(烏賊魚), 오징어에게 잡아먹혀 까마귀 도둑이라는 이름을 얻게 해 준 멍청한 까마귀라지만 실상은 일부 몸집이 큰 까마귀는 높은 수준의 학습능력을 보인다고 한다. 이름 때문에(까막눈) 건망증, 문맹의 상징으로 여겨지나 실제로는 까마귀의 지능은 높다는 여러 사례를 볼 수 있다. 까마귀를 훈련시켜 보석을 물어오게 하는 영화도 있었다.

까마귀가 바다에서 산다는 말이 언듯 믿기지 않지만 키치칸의 씨족으로 번성한 까마귀들을 미루어 볼 때 깊은 바다는 아니더라도 바다 가까이에서 산다는 것은 알 수 있다.

오래 전 알라스카 크르주를 할 때 갑판 위의 라운지에 차려둔 오픈바에 까마귀가 날라오더니 얼음에 재여 둔 커피크림어를 부리로 톡 쪼아서 홀짝 마시고 내려놓고 또 다른 크림어를 톡 쪼아 마시기를 반복하더니 유유히 날아가는 것을 보고 모두들 놀라 환성을 지른 적이 있었다. 까마귀가 바다에 떴다는 사실도 신기하기 한이 없었다.

알라스카 키치칸의 전설에는 까마귀가 강력한 추장의 손자로 변장하여 그가 가지고 있는 해와 달과 별을 빼앗아 이 지구상에 해, 달, 별이 생기게 되었다고 전해진다. 까마귀 족씨가 가장 세력있고 존귀하게 된 이유라고 한다.

까마귀는 검어서 죽음을 표상하기도 하고 부정을 나타내기도 한다. 에드가 알란포어의 시 〈갈가마귀〉는 불길한 새의 상징이지만 일본에서는 길조이다.

사임당의 시조 '까마귀 싸우는 곳에 백로야 가지마라…' 그런가하면 '까마귀 검다 하고 백로야 웃지마라…' 칠월 칠석 견우직녀가 만난다는 오작교도 있다.

한때 한국에선 무슨 이유였는지 까마귀를 모두 잡아 먹어 멸종이 되다싶이하였다는 얘기도 들었다.

새들은 꾀꼴새처럼 소리가 곱거나 공작새처럼 털이 현란하거나 핀치들처럼 생김새가 앙증맞고 예쁘거나 그도 아니면 딱따구리처럼 무슨 특기라도 있어야 할텐데 까마귀는 시커먼 털과 생김새부터 호감도 점수를 잃어가는 듯하다. 그러나 먹이를 하나 발견하면 혼자 먹지 않고 온 무리를 다 불러 모아 나누어 먹는 의협심 하나는 다른 새들과 견줄 수 없다고 한다.

새도 외모로 판단할 것이 아닌 모양이다.

마디 그라(Mardi Gras)

마디 그라는 ‘기름진 화요일’(Fat Tuesday)이라는 뜻으로 금식 전의 축제라고도 불린다. 전통적으로 천주교의 근엄한 주일, 금식과 함께 오는 사순절이 시작하기 직전의 마지막 화요일이다. 실제로는 재의 수요일(Ash Wendsday)에서 부활절에 이르는 탄식과 참회의 사순절이 시작되기 전에 기름지고 풍요롭게 먹고 마시는 축제인 것이다. 구라파 기독교인들을 위한 화려한 행사로 이어져 왔으나 일설로는 그 근원이 고대 로마인들 사이에서 행해진 한창 봄날의 주신제에서 비롯되었다고도 한다.

마디 그라를 시간적 도식으로 풀이한다면 참회의 날인 ‘재의 수요일’(Ash Wednesday)을 첫 시작의 날로 탄식과 참회와 절제의 사순절이 시작되며 부활절에 이르게 된다. ‘재의 수요일’ 바로 전의 화요일이 마디 그라이고 이 날은 공현절(1월 6일경) 금육기간인 사육제의 마지막 날이 되는 것이다.

마디 그라는 불어에서 비롯되었지만 여러 나라에서 이 말은 사실상 사육제(謝肉祭)와 거의 동일어로 쓰인다. 사육제는 남미, 유럽 등지에서 2월 중순경 행하는 대중적 축제로 천주교의 공현절로부터 기름진 화요일까지의 기간 중에 행해지는 다양한 행사를 통틀어 뜻하게 되었다. 사육제는 마디 그라에서 절정을 이루며 끝나게 된다.

원래 사육제는 이탈리아어 Carnevale(Carne고기 Vale금하다) '고기를 금한다'는 뜻의 종교적인 행사였으나 오늘날은 원래의 의미와는 동떨어진 크고 화려한 볼거리로 변모하였다. 대부분 가면이나 화장으로 분장하고 괴상한 옷차림을 한 사람들이나 대형 인형 등을 앞세워 거리를 행진하는 것으로 구성된다. 가면 뒤에 숨은 사람들이 어찌나 난잡하게 행동하는지 19세기 초의 수십 년간 가면을 불법으로 금한 적도 있다고 한다.

바로 이튿날부터 재의 수요일을 시작으로 참회와 절제의 사순절이 시작되는데 종교개혁자 칼빈(Calvin)은 사순절이 미신적인 의미로 변질되고 금식과 고행 등을 통한 인간의 공로를 내세우므로 온전한 예배가 되지 못한다고 주장하며 이를 폐지하였다. 아이러니하게도 극단의 근엄한 금욕주의에 휘몰아친 세찬 역풍이라고 할지 마디 그라는 도시가 출렁이는 흥청망청의 대축제로 탈바꿈한 것이다.

1700년대 초 불란서 이민자들이 도착된 이래로 행해진 마디 그라는 1837년 첫 가장행렬이 도입되면서 굉장한 규모로 발전되어 가면무도회, 형형색색의 마차, 수레퍼레이드 등, 해마다 수백만의 관중들을 미국 남부의 루이지아나 뉴올리언스로 불러들인다.

마디 그라쎈터에 들어서니 캄캄하였다. 방금 들어온 출입구에서 비쳐오는 광선에 희미한 광경들이 솟아오르듯 눈에 들어오면 다시 한 번 흠칫 놀라게 된다. 실물의 두세 배는 되는 원색의 모형들이 웃거나 부릅뜨고 사방에서 몰려들기 때문이다. IMAX티켓을 사면 길이가 근 1미터는 됨직한 목걸이와 죠커부채를 하나씩 준다.

지난 수십 년간의 축제 발자취를 따라가노라니 울려 퍼지는 재즈 소리, 환호 소리에 귀가 멍멍해지는 듯하다. 양편 길에 빽빽하니 몰려선 사람들과 이층 창틀에 상반신을 걸친 여인들이 꽃차를 향해 'Throw me something!'을 외쳐대면 색색의 길다란 구슬목걸이를 한움큼씩 던져준다. 주로 보라색, 녹색, 황금색이다. 두 개 세 개 목에 걸고 덩실거리는 무리들의 웃음소리가 주악소리와 한데 어울려 하늘까지 진동하는 듯하다.

거대한 꽃마차는 사람들의 입김으로 구르고 있었다. 장식수레(Float)작업장을 돌면서 그 웅장하고 화려한 모형들에 탄성이 절로 나왔다. 가득 태워진 미녀들의 춤사위가 꽃향기를 펄

럭이고 있었다. 그러나 마음 깊은 곳에서부터 스며 나오는 한숨 또한 막을 수가 없었다. 내일 지구의 종말이 오더라도 우선 먹고 마시며 즐기자는 인간본성이 속속들이 배어 있는 듯해서였다. 육신이 풍요로워야 영적 삶의 소생을 꾀할 수 있다는 인본주의의 독선을 보는 듯도 하였다.

끝마무리로 파티장에 들어서니 마디 그라의 킹 케이크와 음료수를 대접하였다. 케이크 속에 무언가 걸리는 게 있었다. 살살 꺼내보니 손가락 한 마디만 한 아기인형이 들어 있었다. '와 거기서 나왔네!' '축하해요.' '뭔데?'

아기예수의 탄생 때 동방박사 세 사람이 선물을 가지고 온 것을 기념하여 케이크를 구울 때 아기 인형을 넣는다고 한다. 수십 개의 케이크 중에서 아기인형이 든 케이크를 먹는 사람은 그 다음의 케이크를 사야 되는 풍습이 있다고 한다. 순간 미세하나 또렷한 소리가 들려왔다. '내 뜻은 너희 뜻과 다르니라.'

나는 마디 그라의 킹 케이크 베이비가 되어 축하를 받으며 그곳을 나왔다. 돌아보니 마디 그라의 마스코트 조커가 환하게 웃고 있었다. 마디 그라는 축제일뿐이라고 재즈곡이 뒤따라오며 아우성을 친다.

불현듯 마디 그라 축제가 보고 싶어진다.

보헤미안의 거리

Louisiana는 불란서의 루이14세 이름을 따서 만든 주州이다. 불란서왕실 문장인 백합꽃이 주꽃(州花)이기도해서 캐나다 퀘백주와 같이 불란서 이민자들이 이룩한 삶의 터전이다. 불란서령이었으나 미국이 루이지아나를 사들인 후에 영국계 미국인(Anglophone American)과 루이지아나 출생의 프랑스계 미국인(Francophone Creole)의 두 문화가 공존하게 되었다.

1718년에 New-Orleans 시(市)가 Bienville(Jean-Baptiste Le Moynede Bienville)에 의해 세워졌을 때 French Quarter는 그 중심이었고 두 문화가 만나는 중간지대이기도 했다. 19세기에 들어서면서 남부 이태리와 아일랜드 이민이 몰려오기 시작하여 1905년 조사에 의하면 프렌치 쿼터 인구의 2/3 혹은 1/2이 이태리인이거나 이태리계 미국인 이세들이었다. 이태리 마피아가 떠오르는 이유가 여기 있는 것일까.

20세기 초에는 싼 집세와 주위 환경조건이 Bohemian 예술가들을 끌어 들여 짚시적 삶의 풍조가 자리잡게 되었으나 20세기 후반에 이르러 장기 거주자들이 반강제로 밀려가게 되는 일이 발생하였다.

1984년 근처에 세계박람회를 유치하게 됨으로서 부동산의 가치가 급등하고 집세가 껑충 뛰는 바람에 이를 감당할 수 없는 주민들이 쫓겨가게 된 것이다. 현재 이 도시는 여행자를 위한 호텔 관광사업, 요식업, 숙박시설로 흥청거리는 관광도시가 되었으며 이들은 해안을 낀 길다란 Canal Street에 이어져 있다.

프렌치 쿼터 광장에서 보면 활작 편 손바닥의 손가락들처럼 거리가 연결되어 있다. 프렌치 쿼터라는 이름과는 달리 현존하는 건물들은 스페인식 취향을 많이 나타내는데 이는 당시의 건축가들의 성향 때문일 것이라고 한다.

이 지역 전체는 National Historic Landmark로 지정되여 임의로 건물을 헐 수도 없고 마음대로 나무를 베거나 땅을 파헤칠 수도 없다. 이태리의 로마와 흡사하다. New-Orleans는 도시 설립 이래 큰 재난을 여러 번 겪게 된다. 1788년 대화재, 1812년의 영국과의 전쟁, 2005년의 Hurricane Katarina를 들 수 있다.

New-Orleans라면 언듯 떠오르는 것이 째즈 음악과 해산물이다. 지대가 낮은 섬과 해안만으로 이루어진 뉴 올리언즈에는 크고 작은 다리가 아예 하이웨이 구실을 하며 수십 개가 엉겨 있다. 그중 가장 긴 폰차트레인 다리를 한 시간 정도 달리면 Lake Ponchatrain 해안마을에 이르고 유명한 All you can eat Seafood 레스토랑에 다다른다.

맙소사! 왕새우, 게, 어른 손바닥만 한 바다굴 조개, 이름도 모르는 생선들… 꼭 성시를 이룬 어물전이다. 찌고 굽고, 튀기고… 생선냄새가 어찌나 강한지, 게다가 장마당같은 식당에 식욕은 초장부터 질려버렸다. 크루스에서 해산물을 마음껏 먹지 못했다면 아마 두고두고 손해봤다고 불평했을 것이다.

동서로 길게 이어진 해안선을 따라 서쪽 끝에 '마디 그라'를 시작으로 이민자의 공원, 프렌치 쿼터, Ursuline Convent 부근을 동쪽 끝으로 관광이 이어진다.

프렌치 쿼터 광장에는 실물과 너무도 흡사한 사람이 서 있거나 앉아 있는 조각상을 여럿 만나게 된다. 무심히 지나는 순간 갑자기 어깨를 툭 치는 바람에 기겁을 하였다. 온몸에 색칠을 하고 정물처럼 미동도 하지 않는 조각상이 자세 하나 흐트리지 않고 무표정한 얼굴로 조용히 앉아있다. 각양각색의 음색으로 폭소들이 터져나온다. 그 후론 서 있는 사람들이 다 인물조각상 같아서 스치고 지나치기도 겁이 났다.

몸집이 크고 뚱뚱한 나팔수의 트럼펫소리가 귀를 멍멍하게 한다. 눈망울이 터져나올 듯, 8월 한여름 낮의 더위 때문인지

나팔 때문인지 새빨간 얼굴에선 땀을 끓인 증기까지 번들거린다. 하늘을 향해 절규하는 쇠소리가 가슴 가득 두드리다 어깨로 퍼져나간다. 끈적한 감성의 퇴적층도 함께 흩어진다.

공원 철책엔 재즈에 식상한 그림들이 후줄근하게 걸려 있다. 파리의 몽마르뜨르광장의 화가들이 이곳에도 몰려있다. 거리의 예술가일까 가난한 예술가의 거리가 뼈대 없이 비틀거렸다.

재즈의 왕 루이 암스트롱축제(그의 생일 8월 4일 기념)가 막바지에 이른 도시는 바람소리마저도 그의 재즈곡을 연주하며 너울거린다.

Ursuline Convent는 가장 오래되고 전설이 많은 수녀원이다. 1788년 대화재 때 나이 많은 수녀가 수녀원 창틀에 작은 마리아상을 화재 현장을 향하여 세워놓고 무릎 꿇고 기도했더니 화재가 꺼졌다고 한다. 또 1812년 영국과의 전쟁 때에는 수녀들과 군병의 가족들이 Our Lady prompt succor앞에서 철야기도를 드렸더니 군비가 월등 우세한 영국군을 이겼다고 한다. 이때의 지휘관은 Andrew Jacson이었으며 그는 후에 미국 제7대 대통령이 되었다.

전승일을 기념하여 오늘까지 Mass of Battle(1월 8일)을 지키고 있다.

여행을 하다보면 지구상에 영국군의 발자취가 없는 곳이 없을 정도로 남의 땅을 많이 침략하였는데 해 뜨는 곳에서부터 해 지는 곳까지 대영제국이라던 그들의 오기가 여기서도 밉보인다. 신사의 나라라는 대접은 아무데서도 하지 않는 듯하다.

호텔로 돌아오는 길에 아무 장식이 없는 한 공원을 만났다.

뉴올리언스의 역사와 문화를 한가닥으로 정리해 주는 조각물이 거기에 있었다.

허리케인 캐트리나 기념 공원에는 타일바닥에 기념비 하나, 그리고 그때의 참상을 말해 주듯 창고같은 집 한 채가 상처난 나뭇가지에 위태롭게 걸려 있었다. 사용된 쇠 조각이나 철판은 태풍에 떠 밀려 온 잡동산에서 걷어 올린 것이라 한다. 걸터앉을 의자도 없는 휑한 공원 철책에 기대어 어지러운 상념에 잠겼다.

울긋불긋 녹슬고 찌그러진 나무등걸은 불란서인, 이태리인, 아일랜드인, 남미 원주민, 영국인, 각양각색의 이민자들이다.

전쟁과 자연과의 악전고투를 극복하면서 이리 저리 뒤틀리며 이어온 보헤미안의 산 역사는 바로 저 태풍에 떠밀려 온 조각상 같은 것이리라 생각되었다. 자유와 순수한 삶의 이상은 다민족의 웅집 가운데서 가장 아름답게 개화하는 것이 아닐지. 뜨겁고 바람 부는 해안도시에 노을이 지고 있었다.

얼음 무지개

'웰란드 트리뷴' 지방소식에 기이한 기사가 있었다. 근처 달하우지(Dalhousie)다리 밑에 꽁꽁 얼어 붙은 오리를 소방서원들이 구출해 내는 아슬아슬한 광경이 사진과 함께 올라 있었다.

40여 년 살던 런던에서 나이아가라 지역으로 이사를 한 이유가 무어냐는 질문을 가끔 받는다. '겨울이 되면 낫을 하나 준비합니다.' 남편의 답은 두 가지다. '주위 호수에 무수히 많은 오리떼가 갑자기 추워진 날씨에 물에 얼어붙게 되면 낫으로 오리사냥을 합니다. 기적은 봄이 되면 잘라진 다리에서 오리 새싹이 돋아난다는 것입니다. 또 맑고 바람없는 청명한 날에 나이아가라폭포에 가면 언제나 칠보색 영롱한 무지개를 볼 수 있는데 기온이 급강하하면 얼어버립니다. 낫으로 얼음 무지개 한 자락을 베어내 냉동고에 저장하고 두고두고 즐깁니다.'

당치도 않은 기찬 농담에 폭소가 터지곤 했다.

7, 80년대의 추위라는 체감 영하 20-30도의 맹추위가 인정사정없이 연일 두드려 대고 있다. 차고 문이 얼어붙어 열리지 않는가 하면 눈보라가 안개처럼 휩쓸고 다니는 도로는 시야가 온통 하얗게 가려 운전하기가 두렵다. 아무리 껴입고 칭칭 감아도 얼굴에 닿는 칼바람은 볼을 금세 빨갛게 얼린다.

얼음이 깨질지도 모르는 위험을 무릅쓰고 방수복에 구명재킷을 입고 로프를 맨 소방서원이 무릎으로 기어 가 얼음을 쪼아내고 오리를 들어냈다. 몸통 길이대로 얼어붙은 뻣뻣한 배털 밑에는 얼음부스러기가 하얗게 덮인 사이로 새빨간 나뭇가지 같은 발이 삐죽이 솟아 있었다. 품에 안겨 반쯤 감긴 눈이 어서 떠지기를 바라보는 소방서원의 얼굴도 새빨갛게 얼어 있었다.

한 목숨을 살리기 위해 자신을 희생하는 박애정신은 항상 나로서는 도달하기 힘든 감동으로 가슴 깊이 전율을 일으킨다.

지난해 12월 광역 토론토에 눈이 30센티나 쌓인 영하 16도의 혹한 속을 반라의 남녀들이 다운타운을 달렸다. 빨간 산타모자와 수영복만 입은 70여 명의 러너들은 맨살의 몸과 얼굴이 입고 있는 옷보다 더 빨갰다. 폐렴이라도 걸리지 않을까 지금도 그 사진을 보면 몸이 졸아 붙는 듯하다.

토론토 아동병원 어린 환자들에게 장남감을 선물하기 위한 달리기에서 3만 2천 달러를 모금했다고 한다.

그 즈음 한국일보사에서 실시한 산타펀드모금(4만 3천 달러)을 위시하여 사랑의 양식나누기 성금(3만 3천 달러), 필리핀 태풍피해 돕기 성금(4만 6천 달러) 등 모금행사가 많았다. 많은 돈을 척척 기부하는 큰 손도 있겠으나 대개는 어려운 형편에서 한술의 밥을 덜 먹고 가지고 싶은 것 줄여서 이웃을 도우려는 작은 정성들이 겨자씨처럼 모인 것이다. 가진 것이 없는 자는 유일한 재산인 몸으로 돕는 경우도 있다. .

11세기 경 영국 코벤트리 지방에 레오프릭(Leofric) 영주가 있었다. 백성들에게 과중한 세금을 징수하여 원성이 높아지고 삶이 점점 어려워진 농노들은 굶어 죽는 일까지 생기게 되었다. 백성이 불쌍하여 견딜 수 없는 부인 고디바(Godiva)는 세금을 감면해 줄 것을 건의하나 번번이 거절당했다. 굽히지 않고 간청을 계속하는 부인에게 레오프릭은 그렇게도 백성이 불쌍하면 알몸으로 말을 타고 영지를 돌아보라고 빈정대었다. 물론 들어줄리 만무하리라 생각한 억지였으나 고민 끝에 고디바는 실제로 말을 타고 영지를 한 바퀴 돈 것이다. 내 한 몸 희생하여 모든 백성이 잘 살게 되기를 바라는 오직 한 목적 박애정신의 발로였다.

사랑에 감동한 마을사람들은 고디바가 마을을 도는 동안 커튼을 내리고 문을 굳게 걸어 잠그고 내다보지 않았다고 한다. 일설에는 철통같은 약속을 깨고 양복점 재단사 '톰'이 불리인드 사이로 몰래 엿보다 장님이 되었다고 전한다. '엿보기 Peeping Tom'이라는 말의 유래이다.

의로운 목적을 관철하기 위해 기존의 관습이나 상식을 깨는 파격적인 정치행동을 고다이버즘(Godivaism)이라 하는 것도 여기서 기인한다. 후에 화가 존 콜리어(John Colier)가 말을 탄 고디바 부인의 나체그림을 그렸는데 이것이 유명한 최고급 고디바 초콜릿의 상표가 되었다.

부인의 자존심을 철저하게 짓밟고 나체로 마을을 돌게 한 레오프릭은 천하에 못 된 사람이다. 헌데 이런 일, 저런 사람 겪으며 살다보니 레오프릭이 위대하다는 생각이 슬며시 든다.

적어도 그는 '약속을 지킨 대장부'가 아닌가.

봄, 매풀시럽을 달이다

길고도 긴 겨울이었다. 눈은 또 왜 그리도 많이 오는지 순백의 낭만에 흙칠을 하면서 쉬지 않고 내렸다. 눈보라는 사람들을 집안으로 몰아붙이고 문을 굳게 닫아걸게 하였다.

봄은 언제 오려나. 책을 손에 들고 멍하니 뒤뜰의 나목들을 바라보았다. 진눈개비, 얼음비에 어깨죽지가 힘겨웠던 나무들이 하늘을 향해 가볍게 활갯짓을 하고 있었다. 마치 세미한 장단에 가락을 맞추기라도 하는 양, 가지에 빗긴 햇살이 흔들거렸다.

간밤에도 눈이 내려 발목까지 덮였다. 서투른 스키를 타듯 오르락내리락 교회 가는 길이 무척 힘들었는데 어느새 구름이 걷히고 맑은 하늘에 따스한 바람마저 불어 눈은 자취도 없이 사라져 버렸다. 분명 날씨가 갈팡질팡 봄바람이 난거라며 한결 느슨한 마음으로 숲속을 두리번거리며 돌아왔다. "오늘 매풀 시럽 달이는데 구경 오세요" "집에서?" 귀가 확 열리는 축제의 초청이었다. 그 집은 47에이커의 대지 중 40에이커가

숲이다. 산책로를 따라 가면 나무다리가 걸쳐 있는 냇물도 흐르고 사슴먹이 쉼터가 있는 작은 동산도 나온다. 타운하우스가 좁아서 심지 못하던 고사리, 도라지, 코스모스, 봉선화 마음대로 갖다 뿌리고 심지어 냇가에 돌미나리까지 옮겨 심으며 즐기는 전원주택이다. 걸어서 15분 정도의 거리니 한여름엔 저녁나절 마실하기에 딱 좋은 거리다.

철 대문을 들어서니 오른쪽 작은 목장에서 염소 두 마리가 먼저 알아보고 달려온다. 매 애~하면서. 시멘 블록으로 쌓아 만든 야외 화덕에 기다란 쇠솥을 걸고 장작을 때고 있었다. 수액이 끓으면서 피어오르는 수증기와 매캐한 연기가 한데 어우러져 바람결대로 춤을 추며 몰려다녔다. 수액(Maple Sap)통이 줄지어 매달려 있는 나무 숲으로 발걸음을 옮겼다. 땅은 아직 얼어서 걷기에 좋았다. 지난 가을 떨군 나뭇잎들을 발밑에 수북이 깔고 맨몸으로 버티고 서 있는 우람한 나무들 앞에 마주 섰다. 바삭바삭 메마르고 부서질 듯 까슬한 나무껍질들. 그러나 쉽게 벗겨지지 않는다. 한 겹 거친 껍질 속엔 파란 속껍질이 온 나무를 끌어안고 질긴 생명을 고집하고 있는 것이다. 따뜻한 공간을 찾아 집안으로만 움츠려 드는 동안 눈보라 속에서 단단한 나이테를 그려간 나무의 생명력이 경이로웠다.

봄맞이를 서두르기는 나만이 아니었다. 두터운 눈 밑 땅 속에서 스미듯 잔잔하던 물줄기가 제일 먼저 나무에게 봄소식을 전해주었다. 나무는 일초에 수십 톤의 물을 순식간에 제키 높이만큼 끌어올리는 힘이 불어나 있었다. 땅과 나무와 바람과 햇살이 만들어 내는 대지의 교향악 서곡이 시작되는 것이다. 똑, 또 록, 또 록. 수액 떨어지는 소리가 텅 빈 숲으로 번져 나갔다.

경석이라는 돌로 만든 악기 '편경'의 소리가 떠올랐다. 경석은 사장석, 각섬석, 흑운모, 휘석 등을 함유하고 있는 화산암의 일종이다. 흑회색, 흑갈색, 암녹색, 담녹색의 색을 다 가지고 있는 단단한 돌이다. 정으로 치면 맑고 아름다운 소리를 낸다. 경석으로 만든 편경은 온도나 습도의 변화에도 음색과 음정이 변하지 않아 모든 국악기 조율의 표준이 되는 악기이다. 돌 틈으로 새어나온 지하수는 울퉁불퉁한 지층 사이를 굽이 돌면서 맞서지 않고 피해가는 유연함을 익혔나 보다. 조약돌에 단련된 촉촉한 생명력이 굵기도 다르고 색깔도 갖가지인 편경의 화음으로 온 세상을 채우고 있었다. 땅 위의 기온에 상관없이 비가 오나 눈이 오나 바람이 부나 한눈 한번 찡긋하지 않고 제 자리를 굳게 지키고 서 있는 뿌리 깊은 나무들. 똑똑 떨어지는 수액소리는 마음을 울리고 영혼을 일깨운다.

부드러운 햇살이 세상천지에 수채화를 붓질하는 계절, 장작

불에 일렁이는 봄 냄새가 코끝을 스친다. 40갤런의 수액을 8시간이상 달이면 투명한 적갈색의 매풀시럽이 4리터쯤 남는다고 한다. 오래 달일수록 빛깔이 짙은 암갈색의 시럽이 되고 달기도 더한 시럽이 되는 것이다. 말간 물이 달콤한 시럽이 되기 위해선 뜨거운 장작불에 오래 끓여져서 수분을 날려 보내야 된다는 이치가 훌훌 벗어버릴 내 안의 수증기를 찾아 숙연해진다. 부드럽고 따뜻하며 사랑으로 평안함을 주는 넉넉한 인품으로 고아지기 위해 버려야 할 헛물이 얼마나 많을지 새삼 깨닫는다.

후덕한 손을 닮은 넓적한 팬케이크에 새로 다린 매풀시럽을 철철 부어 먹으면 새 봄, 새 생명의 정기와 힘이 온몸으로 솟구치리라. 벗들 불러 달디단 봄 향기를 나누고 싶다.

어머니의 축원

'세월호' 침몰사고 삼주 째다. 아직도 바닷바람이 찬 부두에 주저앉아 통곡하는 어머니, 하늘과 땅을 원망한들 풀릴 것일까마는 이기적인 욕심과 집착으로 빚어진 참화라는데 의분이 폭발한다. 처음 참화소식을 접했을 때 나는 또 다른 일로 놀라움과 두려움에 몸을 떨었다.

십여 년 전, '서해바다의 노을과 제주해맞이' 페리여행이라는 광고가 났었다. 인천에서 저녁에 출항하여 서해의 석양을 보고 14시간정도 밤새 달려 새벽녘에 제주해맞이를 본다는 내용이었다. 2박 3일의 제주관광이 끝나면 항공편으로 돌아온다는 특별한 한시적 여행이었다.

'세월호'의 반 정도도 안 되는 작은 배의 일반여객실은 칸막이도 없이 툭 터진 넓은 방에 다다미(두툼한 짚자리)가 깔려 있었다. 별로 많지 않은 승객들이 군데군데 무리를 지어 앉아 환담을 하고, 음료수를 마시며 화투를 치기도 하였다. 시간이 지나면서 담배연기가 선실에 자욱해져 숨쉬기가 곤란할 지경이 되었다. 시원한 바람이라도 쏘이자며 이층 갑판으로 올라갔다. 있는 힘을 다해 문을 연 순간 그대로 날아가는 줄 알았다. 문손잡이를 붙잡고 있었기에 천만다행이었지 자칫 한 발이 미끄러지기라도 했다면… 그 배는 사고대비에 안전하였을까. 새삼스레 온몸이 오싹해진다. 그 무서운 바다, 그 물결에 우리의 아이들이 참화를 당한 것이다.

오래 전, 한강도 얼어붙은 추운 겨울이 느닷없이 떠오르는 것은 '안산'이라는 지명 때문이다. 중공군개입이라는 전황에 이어 서울 철수령이 내렸다. 1·4후퇴였다. 남자만 피난 보내고 어머니와 자매들은 그냥 집에 남아 버티다가 피난길에 올랐다. 이모와 사촌자매가 함께 떠났다. 꽁꽁 얼은 마포 강을 걸어서 건넌 것까진 알겠는데 그 다음부터는 전혀 지리를 분간할 수 없었다. 한길을 가득히 메운 피난민들의 대열에 끼어서 흐르는 대로 밀려갔기 때문이다. 논두렁엔 눈이 잔뜩 쌓여 있었지만 길바닥은 발길에 반들반들 닳아서 미끄럽기 한이 없었다.

점점 전세가 다급해지는지 총소리 비행기소리가 뒤를 쫓아오고 밤에는 조명탄까지 터져 공포심을 자극했다. 갑자기 앞쪽에서 새 액 새 액, 쾅. 쾅. 쾅. 천지가 뒤흔들리는 소리와 함께 불기둥이 치솟았다. 띠같이 흐르던 피난민 대열이 순식간에 뒤틀리는 뱀처럼 흩어지면서 동시에 아비규환의 지옥이 연출되었다. 어린애들 우는 소리, 이름을 부르는 소리, 고통의 신음에, 그저 악 악 비명을 지르는 소리가 한데 엉겨 와- 와- 짐승소리처럼 울렸다. 논두렁으로 뛰어들어 무작정 달렸다. 왁자하니 몰려들었었는데 그 많던 사람들은 다 어디로 가고 어머니와 우리 자매들만 뛰고 있었다. 서로 꼭 붙잡은 손에는 땀이 끈적히 배어 있었다. 이모네 식구도 여기서 잃어버렸다.

조명탄 빛에 멀리 집 한 채가 언뜻 떠올랐다. 낟가리가 여럿 있는 꽤 부유한 농가였다. 그야말로 표현 불가능한 몰골들에 흠칫 놀라 뒷걸음을 빼려던 주인이 문을 열어주며 어서 들어오라고 하였다. 머리가 하얀 할머니는 옷가지 양말 등을 벗어 말리라고 화로불을 헤쳐 주며 바삐 돌더니 부엌에 나가 밥을 지어주었다. 이불을 뒤집어쓰고 정신없이 먹었다. 밥상 곁에 붙어 앉은 할머니가 앞치마자락으로 눈물을 찍어대더니 나중에 보니 어머니와 둘이 마주앉아 코까지 훌쩍이며 우는 것이었다. 그곳이 '안산'이라 하였다.

훨씬 훗날 그 밤의 폭격은 평택 둔포의 다리를 끊기 위해서였다는 것을 알게 되었다. 근방을 샅샅이 뒤졌으나 집도 할머니도 찾을 길이 없었다. 하지만 '세상에 이런 난리가' 한숨 섞인 말씀은 귀에 되살아나 내 좌우명이 되었다. 사변통에 남편과 외아들이 납치당해 끌려갔다. 할머니는 집 앞으로 지나는 모든 피난민들에게 밥을 지어주었다고 한다. '내가 선을 베푸는 대로 내 남편과 자식을 만나는 사람들도 선으로 대해주기를 간절히 축원하는 거랍니다.' '세월호' 참사의 원인이 된 모든 사람들이 남에게 먼저 선을 베푸는 마음이었다면 얼마나 좋았을까.

세차고 무섭던 풍랑을 넘어 도달한 제주의 아침 햇살이 유난히도 눈부시게 황홀하였던 것을 상기한다. 세상 어떤 것으로도 보상받을 수 없는 유족들, 삶의 보배를 잃은 부모님들의 마음을 치유할 처방은 없을까 깊이 생각해본다.

반세기 이전부터 뿌리내린 안전 불감증, 이기적 금권욕과 한반도 적화의 야욕을 송두리째 뽑을 수 있는 묘약은 위정자, 공직자, 우리 모두가 한마음으로 복용하여야 될 상비약이어야 할 것이다. 겨자씨만 한 이웃사랑이라도 있기를 빌고 또 빌어본다.

Lost Lake (잃어버린 호수)

언제부터 잃어버린 호수였을까. 하늘과 뭉게구름과 거기 넘실대는 바람까지 온 숲을 송두리채 삼킨 호수가 투명한 거울처럼 미동도 하지 않고 고요하다. 날숨을 크게 불면 쨍하니 금 갈 것만 같은 호반의 침묵이 사유의 능력을 온전히 정지시킨 듯 세상은 그저 파랗게만 보였다.

마음만 있었다면 한번쯤은 만날 수도 있었을 텐데 전화목소리로 목을 축이며 비켜가다가 오늘에 이르렀다. 부인끼리, 애들끼리 담장없이 지내던 그 친구는 이민 초기 남편이 한인회장을 할 때 부회장이어서 아무 때 만나도 송 박사 아닌 송 회장이라 부른다. 한번 회장이면 영원한 회장이라.

한국여행을 결정하면서 KAL항공권 단체구입 대신 구태여 '에어 카나다'를 택한 것은 밴쿠버에 스톱오버를 하기 위해서였다. 부인이 돌아가셨다는 소식을 들은 지가 몇 해 지난듯하기도 했다. 어떻게 변했을까.

출입문이 반도 열리기 전에 회장님! 하는 소리가 우렁찼다.

그는 생각보다 많이 안정된 생활을 하고 있었다. 깨끗하게 정돈된 집안과 정해진 문화강좌(컴퓨터)를 들으며 운동 섭생을 조심스럽게 잘하고 있었다. 그의 일과를 따라 Mundy National Park에 들어섰다.

수백 년 서린 바람이 한걸음에 달려 와 얼굴과 목덜미에 쓰레질을 한다. 불끈 불끈 불거진 정맥들이 받치고 선 나무들의 늘씬한 다리는 죽죽 뻗어 끝을 볼 수가 없다. 울창한 숲 속은 곳곳마다 주인이 다른 듯 새소리 요란한 고개를 넘으니 물소리가 졸졸거린다. 호랑나비 떼가 군무를 추기도 한다.

여러 개의 산책길(Trail) 중 가장 완만한 코스를 택했다는데 한 시간 정도 걸으니 온몸에 땀이 솟구친다. 사진 몇 장 찍느라 뒤쳐진 걸음을 재우쳤다.

나무벤치에 나란히 앉은 두 남자의 뒷모습이 나를 호수 속으로 끌고 간다. 무엇을 빠뜨렸을까 그들의 시선이 머무는 곳을 휘저어 본다.

부인이 떠난 사람이던 있는 사람이던 이 순간 그것들은 다 사라지고 호수 깊은 바닥에 가라앉은 무엇을 쫓고 있을 것 같다. 자신의 성장통에서 잃어버린 열정, 전문적 우월감, 잃어버린 아버지의 권위, 한없이 낮아진 시대성, 친구와 자녀들과 아내에 대한 기대, 돌아앉은 등에다 그리고 지우고 하다가 문득 남자의 마음은 잃은 것을 모두 품어 안은 깊은 호수여야 하지 않을까 생각하였다.

달맞이 꽃이라도 있었으면 돌아보다가 울타리 밑 땅에 납작 엎드린 야생화를 보았다. 햇빛을 그대로 빼어박은 노란 포텐틸라(Potentilla)가 잃어버린 것 하나 없는 해맑은 웃음을 함빡 머금고 있었다.

뚜껑있는 병

마지막 능소화

초점이 맞지 않아 주파수가 흔들리는 시야에 정체가 잡히는 순간 땡하고 뇌수를 치듯 머릿속이 확 정돈되었다. 올 여름은 유난히도 여행을 많이 다녔다. 대략 6월 한 달은 한국에, 7월은 RV로 중서부 미국에, 그리고 8월엔 플로리다와 남미 온드라스까지의 크루스로 가을의 문턱까지 집을 비웠다.

여행의 즐거움과 찌끼까지 가라앉은 피로가 엉겨 곤죽이 된 심신이 정상으로 돌아오는 일이 보통 힘든 게 아니었다. 한밤중에 깨어나 위층으로 아래층으로 떨그럭거리며 시간을 재우건만 잠은 오지 않고 그렇다고 무슨 유익한 일을 하느냐 하면 그것도 아닌 것이 그저 멍하기만 하였다.

시차가 한국과는 무려 12시간, 미국 여행 시는 3시간에서 4시간, 남미는 5시간이나 차이가 나니 낮과 밤이란 시간의 구분이 선명한 의미를 그어주지 못했다. 눈을 뜨면 여기가 어딘가부터 확인해야 될 정도로 오랫동안 잠자리를 옮겨 다녔던 것이다.

잔디를 깎고 화단에 물을 주는 일은 그런대로 된 듯 싶은데 다듬지 않은 꽃 나무들은 멋대로 자라서 꼭 산책로의 잡목들처럼 들쑥날쑥 혈기만 왕성하였다.

제 자리를 정해서 단정하게 꾸며준 봉선화는 빈자리마다 비집고 들어 푸른 잔디에까지 퍼져있고 바람이 부는 대로 휘둘리다 틀어잡았는지 허리를 곧추 세우지도 못하는 코스모스무리가 노란 블랙아이 수잔들과 맞잡고 까불대고 있어 꽃밭은 옆집 보기에 민망할 정도로 난장판이었다. 저걸 모두 뽑아버려야지 벼르지만 온몸은 통솔력 잃은 군장처럼 뭉그적거리기만 하였다. 세상 없어도… 큰 일이라도 하듯 용단을 내린 날이 바로 오늘이었다.

능소화는 이미 다 지고 잎새마저 물기없이 까슬거려서 꽃을 보지 못한 한여름이 못내 서운했는데 긴 팔을 뻗치 듯 가느다란 줄기에 능소화 한송이가 피어 난 것이다. 그나마 발 붙일 곳도 찾지 못하고 건들건들 흔들리고 있는 게 스스로도 불안한 듯 움츠러든 모습이다.

다들 떠나갔는데 어디서 무얼 하다 이제야 왔는지 반가움에 환성을 지르며 뜰로 나갔다. 가을이 바람에 불려 달려오는 것인지 아니면 쫓겨가는 것인지 발 밑에서 가랑잎이 수선을 떨었다. 울퉁불퉁 알통이 박힌 굵은 나무줄기가 막무가내로 위로만 뻗어 오르던 어미꽃들의 그악스런 힘줄 같아서 일순 미운 생각이 치솟았다. 하지만 뒤돌아 보며 얼마나 애타게 불렀을까. 쪼끄마한 꽃에 눈총을 꽂으며 있지도 않은 꽃들을 변명해주다 피식 웃음이 새었다.

가까이 가서 보니 여기저기 긁히고 찢긴 초라한 꽃잎에 수수알만 한 구멍이 나 있었다 새끼 벌 한 마리가 날개를 퍼덕이며 한창 꽃술을 빨고 있는 중이었다. 조꽃에 꿀이 있기나 할까.

쭈뼛거리며 홀로 선 능소화 꽃이 꼭 지각하고 벌선 초등학교 학생처럼 기 죽어 보였다. 틀림없이 여기 저기 기웃거리며 장난치다 뒤쳐졌을 거란 짐작이 갔다.

요것만…, 조금만… 이건 뭐야? 왜 그래? 호기심과 신기함에 취해서 비집고 참견하는 사이 모두들 기다리다 지쳐 체념의 언덕 저쪽으로 넘어 갔을 것이라 상상하니 갑자기 외톨이 작은 꽃이 측은한 생각이 들었다. 생채기가 나도록 극성을 부리던 흥밋거리는 어떤 바람도 가둘 수 없는 허허로운 구멍만 남겨둔 채 흔적도 없이 사라진 것이다. 꽃잎을 지나간 바람들의 정체를 이리저리 가름해 보았다.

물비늘 위를 넘실대던 강바람일지, 추수의 향기로 농익은 들바람일까, 아니면 작은 꽃을 여기까지 밀고 온 신바람일 거라 추측하다 바람 잡는 일이 어찌 꽃뿐이랴 여겨졌다.

RV로 미국을 여행할 때 여섯 사람 한 식구 중 제일 늦게 차에 오르는 건 어김없이 나였다. 온 도시가 전부 새빨간 흙으로 이루어진 '산타페'의 미술가의 거리, 사방 천지가 하얀 모래로 뒤덮인 '화이트 샌드듄'을 기어가는 개똥벌레, 한여름에 파카를 뒤집어쓰고도 불려 갈듯 추운 '툰드라의 들꽃'들… 도저히 그냥은 돌아설 수 없게 하던 경이롭고 아름다운 장관이었다. '언니만 타면 다 탄 거야.' 투덜거리던 동생들의 볼멘소리가 지금도 귀에 울린다.

어디서부터 시작할까. 정원 장갑을 끼며 둘러보았다. 씨방이 맺힌 봉선화나 온몸으로 너울춤을 추는 코스모스들은 내 속에서 일어나는 열기쯤이야 아랑곳없이 한데 얽혀 부비적거리며 희희낙락이다. 웃음소리에 이명처럼 스르르 한 줄 영상이 연이어 떠오른다. 옛 고향을 불러들이고 싶어 약병에 담아 힘들게 가져 온 씨앗들이었다. 새싹이 나면 이집 저집 모종하여 소담한 기쁨을 선물하듯 푸름을 나누던 풀꽃들이다.

씨가 떨어져 싹이 나면 혼자로는 움직이지도 못하는 꽃들. 늦가을까지도 계속하여 무성하게 번지는 코스모스를 솎아주며 땀 흘린 한여름이 눈앞을 스친다.

바람에 허리가 꺾이면 고개부터 반짝 들고 일어서는 저들을 내 손으로 뽑을 수가 있는 것일까. 반듯하게 줄그어 준 자리에서 떠나 번졌다고 저토록 순전한 생명을 끊을 권리가 있을까. 주어진 본분대로 열심히 살아 온 그들에게 허물을 물을 수는 없을 것 같았다.

문득 여름 내내 손길 한번 받아보지 못하고 떠난 꽃들에 미안한 마음이 솟아 올랐다. 구름 잡듯, 바람 타듯 누비고 다니느라 넉넉히 베풀지 못한 옹졸함이 확대되어 다가오자 내 손은 점점 힘을 잃고 쳐졌다.

이제 북녘에서 찬 서리바람이 불어 닥치면 어쩔 수 없이 가야 하는 꽃들이 아닌가. 너도 나도, 저항할 수 없이 스러질 날이 다가 오는데, 생명있음을 마음껏 즐기게 하자.

능소화 눈높이 베란다에 활짝 웃는 양산꽃, 제라늄 분을 올려놓았다. 그래서 우린 만날 수 있었다는 인연에 서로 눈웃음을 주라고 일러주었다. 코스모스 꽃은 항아리화병에 담아 창가에 올려놓고 넉넉한 가을 웃음을 웃으라 했다. 뿌루퉁한 봉선화씨는 예쁜 병에 모아 새해의 푸른 꿈을 갈무리하라고 타일렀다. 능소화 꽃잎을 지나간 바람은 폐 속 깊이 상쾌한 꽃춤바람이 되었으리라.

가없이 투명한 푸른 하늘에 하얀 낮달이 마중 나와 있었다.

두 화가의 추상화전

두 여류화가 한숙희, 김희자 님의 추상화 전시회에 갔었다. 여름 내내 가뭄으로 들판을 태우던 날씨가 가을장마로 탈바꿈하면서 연일 쌀쌀한 비바람이 추적거렸다. 미술관 이층에서 만난 두 화가의 그림은 우선 몸부터 따뜻하게 녹여주었다.

두 해 전 가을, 같은 장소에서 있었던 두 화가의 추상화전 A Glade countenance는 미술관의 요청으로 전시 기간을 두 주일이나 더 연장하리만치 현지 미술계에 큰 반향을 일으켰다. 장소 예약이 두 해만에 이루어진 것도 그 영향일 것이라 쉽게 짐작할 수 있었다.

추상화의 세 영역 '추상표현주의'(독일), '기하학적 추상'(네델란드), '색채 콤포지션'(프랑스) 중, 입체주의에서 시작하지 않은 '추상적 표현'을 표방한 전시회가 이색적인 흥미를 유발하였다. 지난 전시회에서 이미 두 화백의 판이하게 다른 미술적 표현을 감상한 바 있는 터라 그간의 변화와 진취에 기대감이 컸었다. 주제도 김 화백은 'Different views of Reality',

한 화백은 'Mixed reality'(#1)~(#10)이었다. 추상화는 형체를 사실적, 기능적으로 표현하는 것이 아니라 추상적 이미지를 표현하는 것이라고 말한다. 따라서 추상적 표현이라면 다분히 화가의 눈에 비친 영상의 미학적인 해석 혹은 반사라고 할 수 있을 것이다.

작가의 따뜻한 감성과 개성적이면서 철학이 담긴 자신만의 객관성을 잃지 않는 작가가 되고자 한다는 김 화백의 그림은 광활하지만 잔잔한 아침바다에 불쑥 솟아오른 햇살의 흐름 같다. 고요하고 부드러우나 안에는 강한 메시지가 담겨있음을 가슴으로 감지할 수 있다. 멀리 떨어져서 감상 할수록 나와 그림 사이에는 따뜻한 난기류가 교차하면서 서로를 포용하는 너그러움이 솟아난다. 그림의 소제목이 그 속에 잠겨있는 실체를 찾는데 자상한 도움을 주고 있다.

한 화백의 그림은 첫 눈에 역동적인 힘이 느껴진다. 냉정하면서도 질서의 테두리를 벗어나지 않는 사랑의 힘이 강력한 흡인력을 가지고 다가온다. 블루(Blue)와 바이어릿(Violet)색을 기조 색으로 색도를 자유자재로 혼합하여 지성의 밀도를 흔들어 대는 듯 어지럽더니 돌연 빨간 점 하나 느낌의 방향을 확 뒤집어 버린다. 일련번호로만 붙인 그림의 실체를 찾는 것은 순전히 관람자의 자유감성에 맡기고 있다. 한 화백의 그림 앞에선 관람자들이 제각각의 추상화가가 된다. 한 화백이 들려준 짧은 회고 연설은 추상화의 개념을 더욱 명백하게 해 주었다.

미술대 재학시절 교수님은 학생들에게 마른 북어대가리와 사과 한 개, 꽃 한 송이를 모델로 스케치 연습을 시켰다. 실증이 날 정도로 매번 똑같은 북어대가리만 그려대던 어느 날, 북어대가리가 다른 형체로 보이기 시작하더라고 한다. 눈도 보이고 입도 살아서 움직이고 말라비틀어진 껍질대신 북어의 속살이 드러나더니 그 북어대가리는 간곳없고 여러 가지 환상적이고 추상적인 형체가 떠오르기 시작하였다고 한다. 대상에 투사된 자아의 감성적 이미지가 추상화라는 강변이었다.

두 화백의 그림이 나란히 붙어있는 앞 관람의자에 앉아서 나대로의 감상을 정리해 보았다. 추상화는 대상에 투사된 작가의 감성이 작가의 지성, 인성, 감성, 개성에 의해 반사된 이미지를 표현하는 그림이다. 여러 이미지를 표현한 그림 속에 잠재해 있는 대상의 실체를 베일에 싸인 채 던져주는 추상화가 있는가 하면, 대상의 실체를 알려주고 그 실체 속에 잠재된 이미지의 동기를 묵상하게 하는 추상화도 있다는 걸 알게 되었다. 한 화백의 그림은 외향적 추상화, 김 화백의 그림은 내향적 추상화라 이름 지어보았다.

밖에는 어느새 비가 그치고 지는 해 노을에 빨강 노랑 가로수가 아름답다. 색깔이 살아나는 계절, 아름다운 지성과 감성의 무도곡이 은은한 추상화 전시장을 나오면서 삶의 질이 한껏 부풀어지는 기쁨이 발걸음을 가볍게 하였다.

소나무

2부

기쁨의 통로

스친 인연

겨울 장미 백송이

인도 여행 · 1

인도의 세 길

타지마할

Holy 축제

온타리오 타지마할

티티카카호수에 떠도는 풀 섬

묵조 묵새

기쁨의 통로

날씨는 흐려 있었다. 그렇다고 눈이라도 한차례 휘날릴 채비는 아니고 파란 하늘이 하얗게 바랜 회색으로 입혀져 살짝 햇빛만 가려버린 그런 날씨였다. 급하지 않게 시골 길을 달리기엔 오히려 쾌적하고 차분하였다.

집집이 달려 있는 성탄 장식들은 이틀이라는 시간이 지나면서 반짝이는 섬광마저 쓸어 갔는지 핏기없이 매달린 채 그저 무덤덤하고 나른해 보였다. 번잡한 하이웨이를 피해 샛길을 타고 토론토에 가려면 시간은 배가 걸리지만 골목마다 굽이마다 전개되는 변화가 심심하지 않아서 좋았다.

오른쪽은 호숫가 마을, 왼쪽은 자동차의 소음에 심장이 뛰는 고속도로다. 온타리오주에서 가장 분주한 도로라는 이 길에 올라서면 온 신경은 눈에 집중되고 한시도 풀어 놓을 수 없는 긴장감이 천근처럼 전신을 억누르곤 하였다. 오후에 서양교회를 빌려 예배드리는 작은 교회를 이해의 마지막 주일에 방문하려니 가까스로 막차나마 올라탄 기분이 되어 한숨이 절로 나왔다.

달리는 속도가 느려지니 한가롭게 주위를 돌아 볼 여유도 생기고 긴장의 거미줄이 뚫어진 사이로 상념의 바람이 들락거리기도 하였다. 세밑인데 뒤돌아본 내 발자국이 점점 날씨를 닮아가는 듯 어두워졌다. 후회와 변명과 자위 사이를 오락가락하다가 무심히 눈을 들어 보니 높은 나무 숲 사이로 파랗게 노랗게 색칠한 지붕이 언듯 보였다. 골목으로 돌아 속력을 줄이면서 차창을 내리고 카메라를 조준하였다. 그런데 그 뒤로 뾰죽히 빨강 지붕이 또 있는 것이었다.

세상에! 동화의 나라에 들어선 알리스처럼 골목을 누비며 뛰어 다녔다. 저 핑크색 집엔 신혼부부가 살겠지. 이 집엔 어린애가 있을 거야. 장난감에 둘러싸인 애기 침대도 있겠지. 연신 셧터를 눌러대면서 환성을 질렀다.

도대체 저 안에서 사는 사람들은 어떤 사람들일까. 온 동네가 모두 울긋불긋 단장을 했으니 왜 그랬을까, 누가 시켰을까. 왜 저렇게 칠했을까. 쉴 새 없이 돌아가는 의문부호를 풀어줄 단서를 찾아 두리번거리는데 마침 하얀 털실 모자를 쓰고 보라색 긴 자켓을 입은 소녀가 까만 포인터 개를 이끌고 걸어왔다. 산보에서 돌아오는 길인지 발갛게 익은 얼굴에 미소를 가득 띠고 "해피 뉴이어" 한다. 그 순간 '몸은 네 영혼의 집'

이라는 명언이 떠올랐다. 내 집은 어떤 색을 띠고 있을까.

'새해'가 밝아온다. 한 번도 살아 본 적이 없는 새해, 새날들. 365일 5시간 48분 46초. 8760시간이 내 앞에 산듯하니 예쁘게 포장되어서 놓여있는 것이다. 어떻게 사용할 것인가. 포장을 뜯기 전에 이미 해답이 적혀진 메세지를 들고 소녀가 들어간 집을 다시 바라보았다.

너로 인하여 기쁨을 이기지 못하는 자.
나로 인하여 축복으로 가는 통로
새해 복 많이 받으세요.
기쁨의 통로, 축복으로 이르는 통로가 되소서.

스친 인연

한 출판기념회에서 이름으로만 그리던 문인을 사진으로 찍어 메일로 보냈다. '…저는 직 간접으로 뵈어서 그런지 오래전부터 알던 분 같았어요' 라고 회신이 왔다.

카페에 올라오는 글을 통해 만나고 싶다는 생각만 했던 터라 의아했었다. 어디서 만났을까 며칠을 생각해 보아도 실마리가 안 풀렸다.

가끔 생각지도 않은 곳에서 나를 잘 안다는 독자를 만나는 경우가 있다. 글로 만나 글을 언급하면 얼굴을 붉히는 것으로 끝나지만 어데서 만났다는 분에게는 우선 미안한 마음이 먼저 든다. 공연히 상대를 소홀이 대접한 듯해 송구스럽기도 하다.

어느 모임에서 낯선 분이 다가오더니 '왜 저를 그렇게 미워하시지요?' 하였다. '네?!' 사연인 즉 두 번이나 신춘문예응모를 했는데 번번히 낙방을 시켰다는 것이다. 끝내 함께 웃고 말았지만 이런 날은 집에 돌아와 곰곰히 지난 인연들을 뒤적이게 된다.

가까운 일도, 먼 일도 기억 못하는 건 무어라고 하나? 속으로 중얼거리면서. 마치 솔잎에 묻힌 바늘을 찾아내 듯 천신만고 끝에 간신히 현장을 집어 냈을 때의 그 환희는 단단한 껍질을 깨고 날아오르는 나비의 해방감만치나 들뜨게 한다. 초면이 구면이 되는 편안함은 친밀감과 신뢰를 더해주기도 한다.

신앙수필 출판기념회를 하면서 선교여행을 년도별로 정리할 일이 생겼다. 내가 그렇게 많은 사진들을 소유하고 있는지는 상상도 못했다. 책장 두 칸에 세워 놓은 두툼한 앨범들은 제쳐두고 커다란 서랍장 네 칸도 모자라 책장 여닫이, 미처 풀지 못한 박스, 일주일 내내 방안 가득 사진들 틈에 쪼그리고 앉아 사진검사를 했다.

그러다 발견한 것이 제2회 호반 문학제 사진이었다. 2002년 8월 17일, 심코호수가. 지금은 잘 아는 우리 문우들의 12년 전 젊은 모습이 거기에 있었다.

나는 한국에 왕래할 때였고 한국문인들이 호반문학제에 초청되었었다. 여기서 만났는가요. 선생님! 사진에 대고 큰소리로 물었다.

몇 해 전, 국무총리표창장을 받던 때였다. 시상자들이 현장

답사와 축연의 자리를 함께하는 여러 행사가 있었다. 계속 한 테이블에 앉아 명함을 주고 받으며 대화를 나누던 분이 있었다. 젊은 의사 교수 '안ㅇㅇ' 박사. 컴퓨터 안티바이러스 연구가 시상의 업적이었다. 성씨 순서대로 앉다보니 옆자리 친구가 된 것이었다.

오래지 않아 한국신문 전면에 그의 모습이 덮이기 시작했다. 시상목록과는 전혀 다른 분야에 떠오르는 그가 놀랍기만 하였다. 투표권도 없고 가까이 볼 수도 없으나 신기한 전율이 온몸을 스치며 지나갔다.

문득 공당문답이 떠 올랐다. 허름한 노인과 한 선비가 비내리는 주막집에서 말놀이를 하였다. '어데로 가는 공?' '한양으로 간당.' '무엇하러 가는 공' '과거보러 간당' 며칠 후 시험장에서 만난 시험관은 바로 그 허름한 노인 맹사성 재상이었다. 그 인연으로 선비의 출세가도는 든든한 후견인을 얻었다는 고사다. 어데서 왔는공? 캐나다에서 왔당. 그는 나를 기억이나 하고 있을지.

오늘 신춘문예 시상식 프로그램을 들여다 보다 눈에 익은 이름이 맴을 돌았다. 내가 회장일 당시 신춘문예 응모접수철을 꺼내 펼쳐 보았다. 아, 거기에 있었다. 시에 대한 열정을 더욱 승화시켜 기어코 재기에 성공한 시인, 홍성철 님. 다시 한

번 축하의 큰 박수를 보낸다.

시상식에선 어리벙벙 미처 다 하지 못했지만 춤이라도 출듯 손뼉을 치는 것은 나를 꽉 누르고 있던 망각의 덧개가 눈송이처럼 날아가 버린 때문이다. 스친 인연의 기쁨을 다시 찾은 때문이다. 옷깃을 스쳐도 정해진 인연이라는데 오래도록 미소를 담은 한 모습으로 맺어지고 싶다.

두꺼비

겨울 장미 백 송이

장미꽃 백 송이를 보았는가. 눈꽃 핀 아침, 햇살이 눈부신 창가에, 배너까지 걷어내니 하얀 벽이 창백하게 드러났다.

내 마음의 공동만큼이나 텅 빈 벽을 힐긋 보며 돌아서는데 화환이요! 잊지말고 가져가야지요. 압핀을 챙기던 친구가 손짓하며 불렀다. 화관무 치맛자락에 밀린 한아름 장미꽃들이 무대 모퉁이에서 웃고 있었다.

식장엔 달리 화환이 없었다. '신앙'이라는 머리띠 때문에 조심스럽게 내디딘 발걸음이 사면 벽에서 둔탁하게 메아리치고 있었다. …잘 나가다가… 사랑이 어쩌고 하면 그만 곤두박질이 된다니까… …절대로 'OO쟁이' 글은 쓰지 않기로 작정했다는 거부감은 알고 있었다. 문학적 상상력의 한계가 제약을 받는다는 충고지만 평소에 품고 있던 존경심이 소외감으로 주저앉는 경우도 더러 있었다.

화환은 다섯 사람이 탄 차에 싣고 가기엔 너무 크고 무거웠다. 간신히 트렁크에 들여놓고 뒷좌석에 부비고 앉으니 꽃향기가 차 안 가득 스며들었다. 희한하게도 꽃을 보낸 사람이 누구인지 아무도 모른다는 것이다. 리본에는 이름이 없는 데다 단체장마다 모두 아니라고 머리를 흔들었다.

긴장이 풀려나간 빈자리에 달착지근한 피로가 밀려들었다. 나름대로 수필집에 '신앙'이라는 표제를 달기로 작심한데는 이유가 있었다. 캐나다 장로교단의 최초이자 유일한 한국인 여자장로라는 특수한 신분으로 살아 온 신앙생활의 단편들을 나누고 싶은 것이 주요 원인이었다.

문학적 상상력의 제약이란 무한성의 경계를 어디까지 두느냐에 달린 문제라고 생각해 왔다. 원래 수필이란 자신의 삶을 꾸밈없이 솔직하게 펼쳐보이는 문학임으로 교리적 신앙을 주장하기 보다는 신앙인인 내 삶의 글일 뿐이라고 강조하였다. 지혜와 감동과 참 진리 앞에 겸손을 얻게 한 대화의 소재라고 주를 달았다.

신앙이라는 머리표가 붙긴 하지만 신자던 비신자던, 서로 다른 종교인이던 글을 읽고 감동되는 부분엔 감동을 하고 그렇지 않은 부분은 가볍게 버리기도 하며 서로 나누기도 하면서 함께 즐거운 시간을 보내자는 것이 바램이었다. 헌데 신앙이라는 주제의 제약성은 문학이 아니라 행사를 준비하는 마음에서 발생하였다. 초청을 강권하지 못하겠고 아무에게나 책을 미리

줄 수 없었다. 그들의 마음을 읽기 전에 내 본뜻이 혹여 흔들리지는 않을 지 조심하였다. 순서를 맡은 분들까지 회비를 내고 격려해 준 출판기념회는 없었던 듯하다. 전적으로 내 의도에 공감하는 80여 명의 참석자들에 눈시울이 뜨거워졌다.

그런데 내 생애 최초의 장미꽃 백 송이는 누가 보냈을까. 천사들의 무도장. 우리 모두에게 기쁨을 안겨 준 겨울 장미 백 송이. 보낸 이를 알던 모르던 영원히 마음속 깊은 곳에 간직하고 싶다.

귀 뚜껑있는 과자 병

인도 여행 · 1

다시 찾아오지 않으리라 마음속으로 몇 번이고 다짐하였었다. 헌데 시일이 지나고 돌아보니 뽀얀 흙먼지 사이로 쌓아놓은 소똥가리가 어렴풋이 떠오르고 새벽부터 이글거리며 열을 뿜어대던 갠지스강가의 해맞이가 또 다시 보고 싶어지는 이유를 알 수가 없다. 어쩌면 내가 여행한 여러 나라 중에서 가장 강한 인상으로 박혀있는 인도의 겉모습은 세상에서 가장 더러운 거리, 가장 가난한 나라, 오랜 역사가 진흙개천처럼 유유히 흐르는 나라로 요약되어질 것이다. 그 역겨운 악취들이 어떻게 곰삭아서 저리도 신비한 갠지스강의 문화를 일구어냈는지 8일간의 탐사로 캐어보기는 어림도 없는 일이었다.

한 도시를 딱 갈라서 '델리' '뉴델리'라 이름하고 '델리'는 옛 문화와 생활풍습이 그대로인 구舊 시대적 지역이고 '뉴델리'는 이름처럼 신문명의 거리, 새로 건축된 시가지이다. 수상관저와 정부청사 등 빽빽히 들어찬 현대식 빌딩의 숲에서 길 하나 건넌 '델리' 지역은 믿기지 않는 놀라움에 눈만 크게 확

대된다. 오물과 쓰레기가 질펀한 거리에 걸을 수 있는 모든 생물들과 각종 차량들이 먼지에 엉겨 꿈틀대고 있는 것이다. 갈비뼈가 그대로 드러난 비쩍 마른 소가 방향없이 어슬렁거리는 사이를 후웅~ 택시가 누빈다. 두 박자는 더 울려야 반 박자 비켜서는 행인들은 경적이 필요 없다.

고대문명과 인도 문화유적은 거의가 이 지역에 퍼져 있어 사시사철 관광객들로 붐빈다. '인도'는 '힌두'와 같은 어원에서 시작된 이름이다. 그만치 인도는 힌두교의 나라이다. 힌두교는 인더스 문명과 함께 기원 전 2500년경에 발생하여 후에 바라몬교와 융합하고 불교를 파생시킨 토착 종교이다. 영생이란 마치 사람이 사계절을 따라 새옷으로 갈아입듯, 낡은 몸을 벗어 버리고 새 몸뚱이로 옮겨 가는 것이며, 풀벌레가 풀잎 끝에 다다르면 다른 풀잎을 잡고 건너가듯 지금 머물고 있는 육신에서 다른 육신으로 건너가는 것이라 한다.

현재 인도 14억 인구 중 90%가 힌두교인이다. 나머지 10%가 불교, 시크교, 바하이교 그리고 아주 적은 수의 기독교, 천주교인이 있다. 전 인구의 10%에도 미치지 못하는 불교가 어떻게 힌두교 대신 세계 3대 종교에 드는지 늘 궁금하던 차에 미스터 '아진트'의 답은 간단 명료하였다. 불교는 신이 없어 종교가 아니며 '깨달음'일 뿐이고, 힌두교는 신이 있어 종교라는 것이다. 신神의 많은 팔은 환상적인 것이 아니라 그만큼 도움을 많이 줄 수 있다는 의미이며 250여 명이나 되는 신들을 다 기억하지는 못하나 자신은 조상 대대로 힌두교인이라 하였다.

'아진트'는 인도 델리대학 김도영 교수의 제자로 완벽한 한국어를 구사할 수 있는 데다 부인은 중학교 영어교사로 우리 여행을 위해 특별히 천거해 준 재원들이었다. 합리적이거나 논리적인 신앙보다는 전통과 관습에 의한 종교의 세습으로 보였다. 오늘 그런 아진트의 주장이 든든히 뒷받바침되는 기사와 글을 읽었다.

파랑 눈의 미국인 현각 스님은 한 인터뷰에서 '불교는 종교가 아니고 마음의 인문학이며 자기 마음의 평화를 찾아가는 테크놀로지'라 하였다. 텐진 빠모 스님은 말하기를 '불행이 없는 편안하고 안락한 삶에서는 영적 근육이 흐믈흐믈해져서 볼품없어 지지만 거듭되는 불행의 무게를 잘 견디고 영적 근육을 계속 단련하다 보면 멋진 영혼을 갖고 깨달음의 경지에 도달할 것이라'는 희망의 메세지를 전하였다.

인도의 '카스트제도' (四性제도)와 '윤회설'과 맞물려 나만의 상식적 추리를 엮어보았다. 인도에는 브라만(Braman바라문, 승려, 제사계급), 크샤드리아(Ksatriya찰제리, 왕족 무사계급), 바이샤(Vaisa폐사, 상인 평민계급), 수드라(Sudra수아라, 농부 하인계급)의 철저하고 가혹한 차등을 두고 있는데 자신이 어떤 계급으로 태어났던 그것은 전생의 업보라고 믿고 불만 없이 이를 감수한다.

불교에서는 생生과 사死가 둘이 아니요 하나라 하며 삶이란 한 조각 구름이 뜨고 지는 것이라 노래한다. 즉 죽음은 종말이 아니라 다른 삶의 시작이라 보는 것이다. 여기에 밀접하게 작용하는 윤회설은 금생에 지은 업보에 따라 내세가 달리 열리지만 반드시 사람으로 태어나는 것이 아니므로 선업을 닦고 내세를 여는 것이 가장 바람직하다 한다.

그러나 이것은 또 다른 윤회의 일환이 됨으로 이에서 벗어나려는 것이 해탈이며 깨달음이다. 잘 살아야 한다는 것은 곧 잘 죽어야 된다는 것이고 잘 죽어야 된다는 것은 태어나지 않는 것, 이것이 곧 해탈이며 이의 수행에서 얻는 도가 깨달음이라 한다.

공교롭게도 우리가 방문한 3월은 인도의 성스러운 종교축제가 이어지는 시기였다. 밤에 강가(갠지스강가의 기도처 Ghat)에선 활활 타오르는 화톳불을 피어놓고 울긋불긋 휘장이 날리는 세멘 바닥에 수천의 순례자들이 모여 경을 읽고 춤을 추며 종교의식을 치룬다. 소똥 모닥불에 자기 죄를 기록하여 태우며 이웃과의 화해와 복을 빌어주는 홀리 축제도 있었다. 그 날들 중 하루 새벽에 갠지스강 해돋이 마중을 나갔다가 아주 작은 깨달음 하나를 만났다.

24시간 꺼지지 않고 활활 타고 있는 강가 끝의 화장터. 인도에서 화장할 수 없는 시신은 승려, 수태한 여자, 15세 미만인 자, 피부병으로 죽은 자, 뱀에 물린 자들이다. 이들 시신은 강물에 띄워 보낸다.

갠지스강엔 화장한 재와 태우지 못한 시신이 24시간 쉬지 않고 떠내려가는 것이다. 강변 한쪽에선 순례자들이 목욕을 하고, 빨래도 하며 한편에선 그 물을 떠서 차를 만들어 마신다. 상상해 보라. 예의로 베풀어 준 갠지스강의 악취는 숨을 쉴 수 없을 지경이었다. 그 물에서 잡은 물고기, 그 물로 자란 채소들. 그 이후 내내 식사를 할 수 없었다. 불꽃의 공급원으로서 성스럽게 여기는 소도 죽으면 어딘가에 버려져 흙에 섞일 것이었다.

죽은 자를 먹고 살고 죽는 윤회설은 결국 생명있는 모든 것이 하나의 근원을 가지고 있다는 강한 깨우침을 주었다. 인간 자체가 악취가 나며 죄 중에서 태어난다는 웅변도 되었다. 이것을 극복하는 것이 해탈일 것이었다.

아침 일간지 기사는 인도가 새로운 경제 강국으로 부상하여

2030년에는 GDP 규모가 미국을 가볍게 추월할 것이라 전망하였다.

결죽한 용암처럼 흐르는 인도의 무저항주의의 힘을 다시금 새겨 본다.

커피 머그

인도의 세 길

비록 관광이긴 하지만 생활환경에 다분히 부정적인 인상을 가지고 있던 인도를 다시금 관찰해 보게 한 것은 친디아(Chindia)신문 기사 때문이었다.

2005년 경제주간지 이코노미스트는 세계 인구의 40%를 차지하는 중국과 인도의 합성어인 친디아가 21세기 세계 경제를 주도해 나갈 것이라 예견하였다. 당시에는 중국의 눈부신 발전에 주목한 것이었으나 최근에는 인도의 급부상으로 다시 화두로 떠오르게 된 것이다. 불룸버그 통신은 2030년이면 중국의 제조업과 인도의 정보기술(IT)의 강점이 제대로 결합한다면 친디아의 GDP규모가 미국을 추월하여 세계 경제 패권을 장악할 수 있다고 전망하였다.

인도는 산스크리트어로 인더스강을 의미하는 신두Shindhu에서 유래되었다. 인도에 이주해 온 페르시아인들에 의해 신두가 힌두(Hindu)로 변화되어 약 5000여 년간 인도 아세아 대륙의 인더스문명 발생지가 되어왔다. 인도는 단연 힌두교의 나라이며 힌두교는 힌두인들이 문명화되는 과정과 함께 발전된 가장 오래된 통속적인 미신종교이다.

1877년에 설립된 영국식민지였으나 1947년 간디의 무저항주의 투쟁으로 독립을 쟁취하였다. 현재 연방제공화국으로 영연방국의 하나이며 왕과 수상과 총독이 다 있는 특수체제이다. 인구 14억, 세계 7번째 크기의 국토, 국제연맹창립국, 유엔창립회원국, 핵보유국, 지역강국이며 세계에서 상비군이 3번째로 많고 군비지출이 세계에서 7번째로 높다. 16종의 방언으로 서로간에 소통이 어렵고 북쪽으로 올수록 키도 크고 피부색도 희다. 거리상 멀기도 하려니와 생김새도 많이 다른 인도가 한국과 깊은 관계가 있다는 것은 알지 못했다.

삼국유사 '가락국기'에는 인도 아유타의 허황옥 공주가 16살에 배를 타고 와서 1세기 가락국 시조였던 김수로왕의 왕비가 되었다는 기록이 있다 한다. 9명의 왕자를 낳았는데 그중 2명에게 허씨 성을 주어 지금도 그 후손이 전해 내려온다고 한다. 허씨 성의 시조가 인도사람이었다니 놀랍고 새로운 발견이었다. 허난설헌과 홍길동전의 허균이 떠올라 신기하기까지 하였다. 경남 김해시 구산동에는 가야의 시조 김수로왕의 왕비무덤 '김해수로왕비릉'이 있다고 한다.

인도 대사관에서 준 책자에는 인도와 한국 관계에 대한 역사적 고증까지 소개되어 있었다. 불교를 처음 들여온 곳이 천축국(인도)이라 배웠으니 확실히 오래 전부터 인도와 문물교류가 있었던 것은 틀림없는 사실인 듯하다. 한국인들은 김해김씨의 시조가 인도인이라 믿고 있다. 2000년에 김해시와 파이자바드-아요디아市는 자매결연을 맺고 해마다 왕비의 가락국 도착을 기념하는 축제를 연다고 한다.

3월 초, 열흘간의 인도여행 중 세계에서 가장 아름다운 타지마할을 경이에 찬 눈으로 감상하기도 했지만 24시간 시체를 태우는 열린 화장터와 갠지스강가의 기도처, 물에서 나는 악취와 화장재, 태우지 못하고 떠내려 보내는 시체와 함께 자란 물고기, 오물로 질퍽거리는 장바닥과 어슬렁거리는 소, 개… 통틀어 식사를 할 수가 없었다. 다시는 가고 싶지 않은 그곳이었는데 오늘 새롭게 지난 여행지를 재조명해 보게 된 것이다.

인도는 어떤 곳인가 묻는다면 어디서부터 답변을 해야 될지 광활한 국토만큼이나 광범위하다. 우선 인도(印度)의 한문표기들을 전부 열거하고 뜻풀이를 해 보았다. 어차피 인디아는 인더스강을 부르는 대로 유래된 이름이 아니던가.

인 : 人(사람 인) 仁(어질 인) 忍(참을 인) 印(도장 인) 隣(이웃 인). 도 : 道(길 도) 度(법도 도) 都(도읍 도) 到(이를

도) 渡(건널 도) 徒(무리 도).

인도의 한문표기가 왜 도장 印과 법도 度인지 알 수 없으나 내가 얻은 인상의 인도는 人道, 仁道, 忍道 즉 人, 仁, 忍의 세 길(道)로 요약될 듯하다.

忍道 참는 길의 강력한 표본은 마하트마 간디(Mahatma Gandhi)를 제치곤 더 없을 것이다. 그의 무저항주의 투쟁은 인도의 독립을 성취하였다. 육신에 지워지는 온갖 고통을 참고 극복함으로 막강한 독재자의 무력을 퇴치하고 승리한 것이다.

인도인의 인내는 수천 년간 그들이 신봉하여 인성으로 토착된 힌두교에서도 엿볼 수 있었다. 힌두교의 삼위신 뷔서누(Vishunu)는 정의와 질서와 진리를 위협 받을 때 여러 형상으로 화신하는데 때때로 머리가 여러 개 달린 뱀이 휘휘 홰를 치고 우주의 바다에 떠 있는 모습으로 현신한다고 한다. 이는 독사뱀이 표방하는 두려움과 걱정 앞에서 평정과 인내를 상징화한 것이며 우주의 평화를 나타내는 것이라 한다.

아멜성벽 밑 좁은 길목에서 바구니에 담긴 독사뱀을 불러올리던 피리부는 노인의 표정은 긴장으로 눈에서 서리발 같이 찬 기운이 뿜어 나오고 있었다.

仁道 어진 길. 자비(仁)의 종교 불교의 발상지 인도인은 살생을 하지 않고 고기를 먹지 않는다. 벌레 하나일지라도 생명

을 존중하는 것이다. 그런가하면 간디의 제자 비노바 바베는 인도부자들로부터 500만 에이커의 땅을 헌납받아 가난한 사람들에게 나누어 주어 위대한 섬김의 도구라 극찬을 받은 어진 사람도 있었다.

人道 사람 길. 인구 14억. 어디나 사람이 넘쳐흘렀다. 작은 판자가게 앞에도, 먼지가 풀석거리는 저자길에도 온몸을 비비고 다니는 사람들로 꽉 차 있었다. 자전거에 6식구가 타고 짐까지 싣고 다니는가 하면 후웅택시는 문에 매달리고 심지어 지붕에 올라앉아서도 갔다. 희한한 것은 의자에 앉은 사람이나 문에 매달려 가는 사람이나 다 똑같은 차삯을 내고 간다는 것이다. 걷지 않고 탈 수 있는 것만도 다행이며 먼저 온 사람이 자리에 앉는 것은 당연하다는 생각이다. 주어진 대로의 상황에 순응하면서 무질서의 질서를 유지하는 사람들이 거리를 메우고 있었다.

인도의 人道는 그들의 역사만큼이나 오랜 것은 아닐까 생각된 것은 불교 예술의 보고라는 사르나트 박물관에서였다. 다자만복을 비는 불단에는 남녀 부처가 함께 자비의 미소를 머금고 정좌하고 있었다. 유방까지 드러낸 여자 부처는 처음 보았다. 그러나 2500여 년 전 찬델라 왕조가 건립하였다는 남녀 미투나상 조각군 사원을 보고서는 말문이 막히고 숨이 멎는 듯했다. 종교가 인구 번식에 크게 작용하였음을 여실히 증명하고 있었다.

미투나상 조각사원은 원래 힌두교 경전 수인 84개의 사원을 짓고 죄를 씻기 위하여 84체형의 성행위를 하며 수도하는 의미를 조각한 것이라 한다. 현재 남아있는 것은 8개이나 건립 년대는 정확히 알지 못한다. 10여 미터 높은 사원의 처마에까지 새겨진 정교한 조각들은 자손이 번창하여 땅 위에 충만해지는 것이 가장 큰 축복이던 시대의 인류 소망의 첨탑처럼 보였다.

오늘날 세계적인 문제는 인구감소라고 한다. 아침 신문엔 환자를 치료하고 식당에서 수종드는 인간로버트에 대한 기사가 있었다. 사람을 만드는 것과 인간 로보트를 만들어내는 것. 어느 게 더 경제적일지… 仁, 忍과 지혜와 사랑을 겸비한 강건한 국민들이 힘을 과시할 것이라는 가정을 주의 깊게 귀에 담았다.

타지마할

타지마할은 1631년-1653년까지 건립한 무덤 궁전으로 인도 아그라에 있다. 1983년 '무술림 예술의 보석이며 전 인류가 감탄할 만한 걸작'이라는 평을 받으며 세계문화유산에 등재되었다. 페르시아, 터키, 인도 및 이슬람 건축양식이 잘 조합된 무굴 건축의 가장 훌륭한 걸작이라 알려져 온다.

무굴제국(이슬람 왕조)의 황제 '샤자한'(Shah Jehan)은 지극히 사랑하던 왕비 '뭄타즈마할'(Muntazmahal)로 알려진 '아르주망 바누베굼'을 기리기 위해 '뭄타즈'가 죽은 후 6개월부터 짓기 시작하였으나 아들대代에 완성되어 현재 '타지마할' 지하납골당에는 '샤자한'과 '뭄트즈'의 두 대리석관이 안치되어 있다.

'뭄타즈'는 자기 시신은 태우지 말고 묘를 만들어 줄 것과 다시 재혼하지 말 것, 두 가지 유언을 남겼는데 그 약속을 이행한 작품이 타지마할이다. 인도 서부 라자스탄 주에서 생산되는 아름다운 흰대리석을 주축으로 세계 각지에서 들여 온

색색의 돌로 꽃을 조각하여 만든 수준 높은 건물이다.

이슬람 건축의 원칙에 따라 정교하게 꽃을 조각하고 꽃잎의 초록색은 옥으로, 빨강색은 산호나 싸파이어 등으로 장식하는 피에트라기법을 사용하여 아름다움을 더한다. 네 귀퉁이의 높이 40m의 미나레트는 수직으로 보이나 붕괴가 발생했을 때 건물에 피해가 가지 않도록 미세하게 바깥 쪽을 향하도록 설계했다.

일찌기 유례없는 희대의 '묘'를 만들기 위해 벌린 대공사를 좀 더 살펴보면 대략 이러하다. 무덤 데자인은 Ustad Ahmad Lahauri, 돔 제작은 터키인 Ismail Kahan Afridi, 석수쟁이 총책임자는 Muhamad Hanif 등 핵심기술자만 37명이 차출되고, 일천(1000) 마리의 코끼리가 대리석 운반에 동원되었으며 22년간 매일 2만 명의 인원이 노역을 하였다 한다. 뿐만아니라 내부 장식에 사용된 옥과 수정은 중국에서, 쟈스퍼는 푼잡에서, 터키석은 티벳에서, 싸파이어는 스리랑카에서, 다이아몬드는 판나(Panna)에서 전 28종의 보석과 희귀석을 여러나라에서 들여왔다고 한다. 인력과 재력이 실로 어마어마하게 소용되었을 뿐 아니라 건축이나 예술에 있어 정교하고 아름다움이 절정에 이른다고 할 만하다.

인도는 힌두교양식에 따라 시신을 전부 태우는데 오직 하나

'뭄타즈' 왕비만 묘를 가질 수 있은 것은 그가 이란 출신이기 때문이라는 주장도 있다. 마하트마 간디, 네루, 인디라 간디 등 기념공원엔 다비식을 한 검은색, 흰색의 기다란 대리석 상床만이 전시되어 있다.

24시간 시신을 태우는 힌두교 양식에 '뭄타즈'가 질렸을 법도 하다는 것이다. 하지만 어떤 경우이던 '타지마할'은 황제의 사랑의 깊이를 한 눈에 짐작할 수 있게 한다. '샤자한'은 '타지마할'이 완성된 후 공사에 참여했던 모든 사람들의 손목을 잘랐다고 한다. '타지마할' 보다 더 아름다운 궁전을 만들지 못하게 막으려는 목적이었다고 한다.

'타지마할'의 훼손을 방지하기 위하여 인도 정부는 총력을 기울이고 있다. 하얀 대리석을 깨끗이 보존하기 위하여 주위의 공장들은 전부 철수시키고 차량운행도 제한하여 매연을 줄인다. 경내에선 신을 벗고 덧버선을 신어야 한다. 필사의 정성을 다 바친 아름다움의 표상으로 오래도록 보존되기를 기원하였다.

3월 한낮의 뜨거운 햇살이 하얗게 반사하는 '타지마할'의 전경을 멀리 바라보면서 과연 '타지마할'은 사랑의 극치를 아로새긴 순수미의 결정체일까? 어지러웠다. 오직 한 여인을 위하여 2만여 명의 충직한 백성과 바꾼 독재자의 탐욕이 엇갈리며 우리 눈에 보이는 아름다움의 가치 또한 걷잡을 수 없이 소용돌이쳤다. 하지만, 한순간이 지나자 파문의 꼭지점처럼 둔탁한 충격이 머리를 쳤다. …네 손목 2만 개를 자른들 '타지마할'이 생길 것이냐… 윤회의 수레바퀴에서 샤자한은 무엇으로 환생했을까. 궁금해진다.

매화 꽃병

Holy 축제

3월 8일. Holy 축제를 볼 수 있었던 것은 큰 행운이었다. 여행을 떠나기 전에 겪었던 수많은 어려운 상황들이 한꺼번에 다 보상되는 느낌이었다. 그만큼 인도 여행은 비자를 얻는 데서부터 항공권을 사는 데까지 문제의 연속이어서 처음 계획보다 훨씬 늦게 일정이 잡히게 되었던 것이다.

홀리 축제는 인도의 음력 12월(Phalgun, 그레고리력으로는 보통 3월 초) 보름날 15일에 열리는데 대개 3~4일간에 걸쳐 행해진다. 가장 오래된 축제 중의 하나로 지역에 따라 다소 차이는 있으나 송구영신축제, 색깔놀이, 봄 축제 등으로 불리며 즐긴다.

최저 섭씨 10도, 최고 30도인 2, 3월이 봄에 해당되는 것은 4월부터 시작되는 여름 최고 기온이 섭씨 39도에 이르는 혹서이기 때문이다. 캐나다의 한여름 같은 날씨가(최저 7, 8도 최고 23, 28도) 이곳의 겨울이라는데(11월, 12월) 홀리 축제는 추위와 더불어 묵은해를 보내고 곧 닥치게 될 혹서를 기대하면서 봄을 맞아 색가루로 물든 옷을 새옷으로 갈아입고 몸을 깨끗이 닦아 새해를 설계하는 축제인 셈이다.

-시장바닥에 늘어놓고 파는 홀리 색가루.

인도인들만큼 색깔을 좋아하는 민족이 또 있을까. 전통옷 '사리'는 거의 같은 디자인이 없다고 자랑할 만큼 다양하고 형형색색 현란하다. 색깔은 아름다움, 흐드러진 꽃동산, 새 생명의 가장 활기있는 아름다움의 상징이다.

색깔놀이에 사용되는 색깔들은 자연색으로 꽃, 나뭇잎, 나무껍질, 약초 등을 갈고 끓이고 물에 섞어 친환경적 색가루와 색물감으로 만든 것들이다. 색깔놀이의 주의사항엔 얼굴이나 신체의 노출부분에 로션이나 바세린, 코코넛오일 같은 보습제를 두텁게 발라 물감이나 색가루가 직접 피부에 접촉하는 것을 피하고, 머리에도 기름을 잔뜩 발라 머리카락이나 두피에 염료 찌꺼기가 남아있지 않게 하라고 되어 있었다. 옷은 될수록 오래된 옷을 입고 나가는 것이 통례라고 한다.

-온몸에 색가루를 뒤집어쓰고 행복한 소년.

호텔 로비에서 가이드를 기다리는데 한 무리의 청년들이 온몸에 울긋불긋하니 색가루를 덮어쓰고 왁자하니 웃으며 들어온다. 홀리 축제를 보기 위해 이란에서부터 왔다고 한다. 홀리 축제는 인도 주변의 남아시아 국가뿐만 아니라 동남아시아

지역에도 크게 영향을 미친 유명한 축제인 것이다.

색가루 자루를 주렁주렁 매단 모터싸이클이 우리 승용차에다 한주먹 색가루를 휙 뿌리며 뭐라 외치면서 지나간다. 새해 복 많이 받으세요. 덕담이라도 되나보다. 골목마다 색갈이 입혀져 있었다. 심지어 길바닥에도 쏟아진 물감이 꽃길을 만들어 놓았다. 군데군데 마을의 남녀노소들이 모여서서 덕담을 나누며 서로 포옹하기도 하고 색가루를 발라 주며 즐거워 화기애애하다.

-소똥 연료와 장작 등을 태우는 축제 모닥불.

인도의 수도 델리의 인상은 더럽고 가난하고 먼지 많은 거리로 압축될 듯하다. 포장되지 않은 길엔 사람, 자전거, 인력거 모터인력거, 모터싸이클, 승용차, 버스가 한데 비비고 다닌다. 그 사이로 삐쩍 마른 소들과 개, 염소까지 어슬렁거리며 누빈다.

길다란 작대기에 넝마로 두른 거적막이 줄지어 있는가 하면 아예 아무데서나 누워 자는 노숙자도 많았다. 6·25 전쟁이 막 끝난 후의 내 조국이 저랬을까 손바닥만 한 가게 앞은 물론 쓰레기더미가 없는 곳이 없었다. 사람들이 돌아서서 물줄기를 뽑는가 하면 소들도 유유하게 길에다 배설하며 돌아다녔다. 세계에서 가장 인구가 많은 인도는 온통 사람으로 덮인 듯 하였다.

축제 전날 노천 화톳불에서는 소똥더미 기름, 꿀, 그해 추수한 곡식들이 통나무들과 함께 타오른다. 불길이 활활 솟으면 화톳불 주위를 7번 돌며 불의 신 아그니(Agnidev)에게 가호를 빌며 기도하기도 한다. 인도인들은 이러한 의식에 따라 마을에 널려져 있는 쓰레기나 오물 등을 한곳에 모아 깨끗이 태워버린다.

이와 더불어 평소에 서로 간에 품고 있던 시기심 질투, 증오감, 차별 감정 등도 함께 태워 버린다. 그럼으로써 그들의 마음은 한결같이 맑고 순수해지며 헌신과 지혜의 불꽃을 통해 자아본위의 자만심과 같은 불순한 마음이 사라지고 희생과 속죄를 얻게 된다고 한다. 오래된 악의나 반감 차별 감정을 잊고 서로 색깔을 발라주며 덕담을 나누는 홀리 축제는 새봄을 맞이하면서 새로운 희망과 열정, 기쁨을 누리는 축제이며 새해를 설계하는 일종의 송구영신축제라고 할 수 있다.

차가 서기만 하면 어디선가 몰려오던 배고픈 아이들의 슬픈 눈과 간절하게 내밀던 더러운 손길이 마음의 망막에서 떠나지 않는다. 저 꼬마의 얼굴에서 행복한 미소가 영원히 사라지지 않게 되었으면….

온타리오 타지마할

구태여 많은 경비와 시간을 들여 멀리까지 갈 필요가 없다. 우리 가까이 캐나다, 아니 더 가까이 온타리오에도 '타지마할'이 있다. Uxbridge에서 북쪽으로 1, 2 킬로미터 시골 길가에 자그마한 '타지마할'이 나온다. Thomas Foster가 그의 부인을 위해 건립한 추모기념관이다.

Thomas Foster는 1852년에 Toronto 근교에서 태어나 Uxbridge 북쪽 Leaskdale Hamlet으로 이주하여 작은 호텔을 경영하였다. 후에 Toronto로 다시 이주하여 국회의원에 당선되었고, 시장이 되었다. 시장 재임 시 아주 기이한 포상제도를 시행하였는데 가장 아이를 많이 출산한 어머니에게 주는 상이 그것이다.

그는 부인이 별세한 뒤 세계여행을 다녔는데 인도 방문 시 '타지마할을 보고' 아름다움에 흠뻑 취해 버렸다. 자기도 아내를 위하여 '타지마할'과 같은 기념관을 만들기로 작정하고 장소를 고향 Leaskdale로 정하였다.

1934년에 건축가 J. H.Craig과 H. H. Madill에게 기념관 디자인

을 부탁하였다. 건설인부들이 언덕을 정지하고 석회석(Limestone)과 대리석을 정교하게 쌓아 기념관을 세우게 되었다. 기이한 비잔틴 기념탑이 18m나 하늘 높이 솟아오르게 된 것이다.

양파 돔(Onion Dome)은 동으로 만들었고 12개의 스테인드 글라스 유리창으로 햇빛이 들어오게 하였다. 채색유리를 통한 햇빛이 모자익 대리석 바닥에 비쳐서 분홍색, 초록색, 까만색 빛줄기를 벽과 마루 바닥에 비추게 한다. 한쪽 벽에 자신과 부인과 딸, 세 개의 작은 납실이 있다. 현재 Foster Memorial Commitee에 의해 전통문화관으로 운영되고 있으며 결혼식이나 연주회를 열기도 한다. 여름동안 매월 첫번째와 세째 주일날에 일반에게 공개한다.

온타리오 '타지마할'은 사립공동묘지 한편에 자리하고 있다. 우리가 방문한 때는 한여름이 아니어서 내부를 들어가 보지는 못했다. 그러나 정문 유리문으로 들여다 본 실내 안 풍경은 바닥, 벽 할것없이 전 실내가 아름다운 색채의 물결로 춤추고 있었다. 지붕 위 12개의 색유리 창문으로 들어 온 햇빛이 대리석 벽과 바닥의 색색 모자익 문양에 반사되어 황홀할 지경이었다. 규모나 장식이 뭄타지의 '타지마할'과는 비교도 되지 않으나 조용하고 소박한 사랑의 교감을 함께 즐기려는

Thomas시장의 따뜻한 마음이 소리없이 전해왔다

인도와 온타리오 '타지마할'의 겉모습을 보면서 '샤자한'과 Thomas를 생각해 보았다. 그들의 사랑은 겉모습만치 크기와 질량에 차이가 있을까. 아니면 종류가 다른 것일까. 하늘 아래 지아비의 사랑이 모두 다 한결같을진대 다른 것이 무엇일까.

막강한 금력과 독재자의 권력의 차이가 있을 뿐이라고 답을 정리하다가 두 개의 '타지마할'이 각기의 아름다움으로 존재해야 될 이유를 이때 깨달았다. 바로 지난 주일 누군가의 현악연주회가 있었다고 한다. 깨끗하게 정리된 크고 작은 유택에서 수백 년 전 누구로부터 토마스 부인까지 모두들 비석에 걸터 앉아 한여름밤의 잔잔한 선율에 잠겼으리라. 손을 흔들고 있을 것만 같은 서늘한 인사를 등 뒤로 하며 총총히 철문을 나섰다.

인도이던 온타리오이던 '타지마할'은 다 죽은 자의 집. 문화유산이란 보이는 옛것을 즐기는 데 더 큰 의의가 있는 것은 아닐까 짐작하였다.

티티카카호수에 떠도는 풀섬(Lago Titicaca)

세계에서 항행 가능한 호수로는 최고도(해발 3,809m)인 Titicaca호수에 '떠 있는 섬' UROS는 있었다. 고산지역이라 산소부족증으로 산소흡입 마스크를 해 가면서 따라 온 발걸음이 벌써부터 흔들린다. 페루 PUNO 산꼭대기에 볼리비아와 접경하고 있는 Titicaca호수의 UROS 섬에는 갈대 집을 짓고 360가정 정도가 살고 있었다. 정부에서 안전과 자연보호를 위해 경비대를 주둔시키고 관광객들에게 통행료를 받고 있었다. 주민은 페루인이 아니고 아마존에서 떠들어 온 인종이라고 하는데 언어도 UROS어를 사용한다고 한다.

페루는 고등학교까지 의무교육임으로 이들도 자녀들은 PUNO에 있는 학교로 통학시킨다. 너무도 가난하여 세금은 면제되고 문명의 이기는 별로 없이 주로 물고기와 사냥한 오리 그리고 감자를 주식으로 먹고 산다. 이들의 생명의 원천은 거의 호숫가에 무성한 갈대숲에서 온다. 갈대로 집을 짓고, 갈대 속은 오이처럼 야채로 먹고, 토탄에 씨를 뿌리듯 감자와 채소, 그리고 꽃도 심는다. 관광객들에게 갈대로 만든 기념품들을 팔고, 갈잎 배를 태워주고 배 삯으로 수입을 얻고 있었다. 그 중에서도 가장 독특한 것은 이 섬이 갈대로 엮은 풀섬이라는 것이다. 섬 청년이 섬의 조성과 집짓는 법을 시범하였다. 무성한 갈대들을 긴 낫으로 쳐 낸 뒤 뿌리덩어리를 톱으로 잘라낸다. 마치 두께 1미터 정도의 토탄을 잘라내는 것과 흡사하다.

네모만 토탄덩어리를 움직이지 않도록 말뚝을 박아 갈대 끈으로 서로 묶어 섬 바닥을 형성한다. 섬 바닥 밑은 수심 4~50미터의 호수이다. 갈대를 잘라 가지런히 그 위에 덮고 발로 밟아 단단해지게 한다. 맨발로 땅을 밟아대는 이들의 민속춤이 여기서 유래되었다는 말도 있다. 굵은 갈대를 한데 묶어 기둥을 세우고 초막이 지어지고, 옹기로 빚은 화덕에 옹기항아리가 얹히고 화덕아궁이에 갈짚 불쏘시개를 넣는 것으로 끝났다.

한 바퀴를 돌아도 십분도 채 안 걸리는 마을을 여기저기 기웃거려 보았다. 텅 빈 초막 안에 가구 같은 것은 없었다. 관광객을 위한 유일한 카페에선 잉카의 무도곡이 북소리와 갈대 하모니카 피리 소리로 울리고 있었다. 알록달록한 예쁜 옷을 입은 아이들이 뛰어다니기에 사진을 찍으려 하였더니 피해

달아난다. 섬 아이들은 사진 찍기를 싫어한다기에 과자와 초콜릿을 주며 끌었다. 금방 온 얼굴에 웃음꽃을 피우는 그들을 보고 순간적으로 마음에 자책을 느꼈다. 깨끗하고 순수한 인성을 단 것으로 오염시키는 것이 아닌가 하는 가책이었다. 보다 높은 삶의 질을 위해 웰빙의 작은 단서까지 짚어가는 우리의 일상을 돌아보며 과연 이들은 어느 영역에 속해 있을까. 행복지수는 어떤가. 돌아오는 내내 머릿속을 떠나지 않고 맴돌았다.

잠간! 찰칵… 사진 한 장 찍었다. …세상에서 제일 만족해하는 모습의 남자가 거기 있었다. 갈잎 뱃전에 기대어 멀리 수평선에 시선을 박고 있는 검붉은 얼굴엔 유로스(UROS)의 잔잔한 미소만 떠 있었다.

하늘과 가장 가까이 있어 행복한 것일까? 아니면 하늘과 맞닿은 이 넓은 호수, 내 영토의 광활함 때문일까? 그도 아니라면, 당연히 주어진 공기일망정 절제하여 들이마시며 자연에 순응하여 사는 넉넉한 마음 때문일 것이라 믿어졌다.

묵조(墨鳥) 묵새

한양 선비가 고향 벗들에게 봉물을 내려 보냈다. 서찰은 백지에 새 세 마리. 가운데 새가 까맣다는 것 외에는 글자 하나 없는 그림편지였다. 무슨 뜻일까. 서원의 훈장을 찾게 되었다.

울타리가 없는 동네 뒤뜰은 다람쥐 토끼 새들의 낙원이다. 회색토끼가 깡충거리며 뒤뜰을 가로질러가더니 다람쥐라도 맞닥뜨렸는지 거의 하늘을 나는 수준으로 달아난다. 다람쥐가 다른 나무로 건너가는 법은 특이하다. 나무기둥을 미끄러지듯 밑둥이까지 내려와선 쪼르르 다른 나무로 가 밑에서부터 나무기둥을 타고 기어오른다. 그러나 쫓길 때는 높은 가지 끝에서 끝으로 건너뛰기를 하면서 혼비백산 꽁지 빠지게 달아난다. 새 집을 건드렸거나 먹이를 훔치다 들켰으리라 쉽게 짐작이 된다.

뒤뜰 숲에는 새들도 많다. 집집마다 새 먹이통을 몇 개씩 걸어놔서 손가락만 한 벌새부터 카디날, 골드핀치, 가끔 부엉이 소리 딱따구리 나무 쪼는 소리, 뻐꾹새소리 산비둘기 우는 소리가 서로 사이를 두고 들린다. 휘~익 돌개바람처럼 불루 제이가 날아들기도 한다. 참 아름답고 평화로운 풍경화가 해 그림자를 따라가며 한나절 내내 펼쳐진다. 거실 창문 가득 넘나드는 무대 배역들이 쉽사리 발걸음을 돌리지 못 하게 잔잔한 즐거움을 주곤 하였었는데 커튼이 내려지듯 어두워진 것은 순전히 이들의 먹이생태 때문이었다.

봄이 되면 양지바른 데크 주위에 작은 채소밭을 일구었다. 상추 도마도 고추 브로콜리 등 한두 이랑씩 다양한 종류의 채소를 심었다. 손바닥만 하다고는 하지만 매일 아침 물주고 가꾸는 일이 꽤 정성이 드는 힘든 일이었다. 처음 심어본 브로콜리가 싹이 나고 속이 차가는 과정을 살피며 추수의 흡족한 마음으로 몇 날을 설레었다.

그런데 하루 아침에 흔적도 없이 다 사라져 버렸다. 회색토끼가 넓은 옥잠화 잎 그늘에 벌렁 누워서 단잠을 자고 있는 것을 보았을 뿐 주위엔 아무 단서도 없었다. 금빛 수선화와 제비꽃 별꽃이 지고 나면 튤립봉우리가 소담스럽게 솟아났다. 꽃송이가 아주 크고 자색 우단처럼 부드러운 특종이었다. 팽팽하게 부풀은 봉우리일 때가 더 아름다워서 가슴에 기쁨의 덩어리를 한아름 품어 안은 듯 흐뭇하고 즐거웠다.

헌데 밤새 무슨 조화였는지 튤립봉우리의 목대가 똑 똑 꺾어져 있었다. 굵은 철사로 엮은 화단울타리를 두 겹으로 빙빙 둘러 쳤는데도 역시 마찬가지였다. 이빨을 갈기 위한 다람쥐의 소행일 것이라 들으니 속상하고 울화가 치받혔다. 진범을 가릴 필요도 없이 무조건 토끼도 다람쥐도 다 미웠다.

몇 해 전 원예업을 하는 지인이 헛간 벽에 나무받침대를 세우고 포도나무 한 그루를 심어 주었다. 검자색의 작은 알맹이가 다닥다닥 탐스럽고 아주 당도가 높은 아이스와인용 고급 포도나무라며 잘 키워보라고 하였다. 별 특별한 주의사항은 없이 물만 충분히 주라는 지시대로 열성을 다 했다. 처음 두어 해는 뿌리박기를 하느라 열매가 듬성듬성 시원치 않더니 삼년 전 쯤부터 포도송이가 제법 튼실하여졌다. '청포도 익을 무렵…'을 흥얼거리며 첫 수확을 꿈꾸던 날, 밖에서 돌아와 보니 포도송이가 가지만 남아 있었다. 다음해에는 선수를 치려고 작정하였는데 어떻게 알았는지 그 밤에 다 사라져 버렸다.

금년에는 좀 더 발전하여 포도송이에 봉지를 씌웠다. 맥도널드봉투를 밑을 동그랗게 오려내고 포도송이를 싸서 끈으로 묶어 주었다. 포도가 익는 향기에 묻혀 매일 봉지 속을 들여다 보며 회심의 미소를 띠웠다. 뾰족한 관을 쓴 블루 제이가 연일 빙빙 돌아도 이번에는 어림도 없다고 속으로 쾌재를 불렸다. 드디어 포도 따는 날, 세상에! 봉지 속은 텅 비어 있었다. 우리의 꿈과 기쁨과 희망을 송두리째 빼앗아 가다니. 과일이 익을 무렵이면 동네 과수원에서 쏘아대던 탕탕 공포소리가 귀에 생생히 살아났다. 불루 제이는 목 줄기에 3개, 입과 부리부분에 각 하나씩 총 5개의 도토리를 나를 수 있고 일 년에 3천, 5천 개를 옮겨 나무 숲을 이루는 장본인이라 한다.

그림편지 해독은 이러하다. 까만 새-묵조(墨鳥)-묵새-먹새-먹 세. '이 새 저 새 먹 세.'

세상사 주위를 돌아보면 노력 없이 일군 열매를 빼앗아 먹는 행위 때문에 어지럽다.

오늘 뒤뜰을 내다보니 다람쥐들이 입에 커다란 열매를 물고 바쁘게 달아난다. 내년에는 그물을 씌워야지… 생태적으로 그렇게 지어진 존재들을 미워만 해서 뭣하랴. 더 지혜로워져야 하리라 깨닫는다. 선비님들은 예를 갖추어 사이좋게 음식을 즐겼으리라 믿고 싶어진다.

3부

꼴까 골짜기의 새

마추픽추

인디오의 눈물

론다, 하늘 위 정원

안달루시아의 나그네

외로운 별, 텍사스

그림의 착색 착시

동백꽃과 미스 킴 라일락

그림 그리는 작곡가

먹골배의 향수

삼동골짜기의 바람소리

꼴까 골짜기의 새

페루 안데스산맥의 심장부에 험준한 꼴까 캐년이 가로지른다. 치베이(Civey)에서 꼴까 강 골짜기를 끼고 울퉁불퉁한 돌짝밭 길을 흙먼지 뒤집어쓰며 두어 시간은 더 올라간 듯하다. 어제 밤에 묵었던 호텔은 꼴까 강이 지나는 산골짝에 깊이 자리한 별장식 호텔로 자연 온천 수영장까지 있는 가족 휴양지였다. 하지만 치베이는 도시 자체가 이미 3651미터나 되는 높은 지대인 데다 해가 지니 춥고 세찬 바람이 몰아쳐 숨이 막힐 지경이었다.

꼴까 캐년(혹은 꼴까 벨리)은 그 보다 500미터는 더 높으니 4160미터라는 이야기다. 미국 그랜드 캐년의 두 배정도는 깊다고 했다. 특이한 점은 그랜드 캐년은 산을 깎아지른 절벽형태라면 꼴까 캐년은 산과 산이 강줄기를 사이에 두고 골짜기를 이어가는 형상이라는 것이다. 주변과 비교하여 자연환경은 기름진 풍토라고 할 만치 푸른색이 도드라졌다. 첩첩 산중 바위 틈새를 비집고 꽃이 피어 있었다. 수분의 손실을 막으려고 제

몸에 가시를 박으면서까지 빨갛고 노란 꽃송이를 피어낸 선인장 꽃은 그렇다 치고 납작한 민들레까지 얼굴을 부비고 있는 것이 무조건 반갑기만 하였다.

'콘돌이 지나는 길(Cruz del Condor)'이라는 전망대에서 콘돌새를 한 식경이나 기다렸다. 솔개 몇 마리만 보일 뿐 콘돌은 오늘따라 요지부동인 모양이다. 바람이 너무 세서 그런가 자위하는데 절벽 바위틈에서 들쥐 한 마리가 뽀르르 달아났다. 그때, 콘돌이다! 외치는 소리가 미처 퍼지기도 전에 잠간 번쩍하였다 사라졌다.

크기가 흰 오리만하다 할까 생김새도 잡지 못했다. 전에는 새가 하늘을 덮어 이름도 '콘돌의 길'이라 했다는데… 오늘은 더 이상의 운은 없는 듯했다. 1960년대 까지만 해도 페루 앞바다의 섬에는 물새들이 섬을 뒤덮었다는 기록이 있다. 찬 한류에 번창한 멸치(Anchovy)떼를 쫓아 모여든 새들의 배설물로 자그마치 두께 150피트나 되는 조분석층이 형성되고 잉카 해안족은 이것을 모아 모래땅을 비옥하게 만드는 비료로 사용하여 작물의 수확을 올렸다고 한다. 그러나 오늘날은 몇 마리의 새들만 남아있다고 한다.

페루의 새들은 모두 어디로 갔을까. 문득 '새들은 모두 페루에 가서 죽다'라는 소설이 떠오른다. 리마의 북쪽 10킬로미터,

더 북쪽도 아니고 더 남쪽도 아닌 해안가 모래사장. 로맹가리의 새들이 마지막 날개를 접은 그곳에 묻힌 것일까. 소설에서 작가는 떼죽음을 한 새들로 뒤덮인 모래사장에서 적어도 한 가지 과학적 이유와 한 가지 설명을 찾아 고심하였다.

여기 꼴까 골짜기 '콘돌의 길'에서 텅 빈 계곡을 내려다보며 나도 큰 수수께끼를 풀듯 과학과 설명을 맞추어 보았다. 어류남획으로 멸치수가 줄어서, …한류의 흐름이 변하여 물고기 떼가 몰리지 않아서, …혹은 차갑고 헐벗은 조분석바위를 떠나 부드럽고 따뜻한 모래사장으로 간 것일까. 아니면 평화롭게 마지막 영혼의 비상을 한 것일까. 과학은 우주를, 심리학은 살아있는 존재를 설명하는 것이라 하나 이 둘로도 머릿속은 맑아지지 않았다. 문지르고 닦을수록 답은 멀어지고 더 혼탁해지기만 하였다.

'문학의 완성은 죽음으로 완전해진다'며 스스로 생을 마감한 작가의 완전이란 낱말을 곰곰이 되씹어 보았다. 인생은 결국 죽을 자리를 다듬으며 날갯짓하는 한 마리 새에 불과하다는 잠언. 텅 빈 웃음이 샌다. 결코 산소가 부족해서는 아닐 것이다.

높은 산 정상에 서식하는 콘돌은 잉카족들의 '영혼의 새'라고 숭상한다. 그 당당한 모습을 찾다가 엉뚱하게도 내 모습을 비쳐보게 되었다. 모른들 무슨 상관이랴. 차라리 꼴까 벨리 가득 뜨거운 고함소리 메아리로 채우고 싶어라.

백조

마추픽추

페루 쿠스코 시 북서쪽 안데스산맥의 높은 산턱(해발 2430m)에 '세계 7대 불가사의' 중의 하나인 '마추픽추'가 있다. 1911년 미국 탐험가이자 역사학자인 하이람 빙엄(Hiram Bingham)에 의해 발견되었다. 현지어로 '늙은 봉우리'를 뜻하는 잉카문명의 유적지 '마추픽추'는 대개 안개에 덮여 있거나 울창한 나무에 가려있어 산자락에서는 그 존재를 확인할 수가 없다. 공중에서만 보인다고 해서 '공중의 누각' 혹은 오래 동안 알려지지 않고 있어서 '잉카의 잃어버린 도시'라고도 한다.

그 옆에 다섯 손가락 한데 붙여 길게 세운 손바닥처럼 우뚝 솟은 산봉우리가 젊은 봉우리라는 뜻의 '와이나픽추'로 '마추픽추'는 이들이 둘러싼 전 지역을 말한다. 총 면적은 13킬로미터 평방이고, 3미터씩 오르는 계단식 밭(Terrace)이 40단, 3000개의 가파른 계단으로 이어져 있다. 돌로 지어진 건물의 개수는 약 200호, 주민은 규모로 보아 이천에서 일만 명 정도까지

추산한다. 모양도 각각인 우람한 바윗돌들을 정교하게 잘라 붙여 지은 건축물들은 연결된 바위틈에 종이 한 장도 들어 갈 수 없을 만큼 수준 높은 기술로 지어져 있다. 어떻게 이 높은 산꼭대기까지 저 큰 바윗돌을 운반하였을까. 몸만 오르는데도 숨이 가쁜데 정말 놀랍기 한이 없다.

'마추픽추'는 언제 누가 왜 건립하였는지 모를 뿐만 아니라 같은 단계로 언제, 누구에 의해 어떻게 빈 도시가 되었는지 아무도 모르는 신비에 쌓여 있다. 그 유래나 실종에 대한 분명한 기록이 전혀 없기 때문이다. 잉카제국은 1438년 젊고 정력적이며 통솔력이 뛰어난 왕자 파카쿠티(Pachacuti)가 세운 나라로서 전성기에는 거의 100여 나라를 정복하고 세력이 2천 6백 마일에 뻗쳤으며 6백만이 넘는 국민이 있었다고 한다. 하나 1532년에 스페인의 프란시스코 피사로(Francisco Pizarro)에 의해 정복 멸망하였다.

정복자들은 20여 톤이 넘는 금과 은을 거두어 갔다고 하는데 잉카유적지는 새로운 대지와 황금을 찾는 침략자들에 의해 계속 전쟁과 도굴로 황폐화되었다. 잉카제국은 고작 1백년 내지 1백 50년 정도 존속되었다고 추정하나 '마추픽추'에 사용된 돌덩이는 2000년이 훨씬 넘는 것도 있어 그 연대를 밝히 알 수 없다. 세워진 목적이 외적(주로 스페인)의 침략을 피해

산으로 올라가 요새를 건설하게 된 것이라 하며 사라진 원인에 대해서도 여러 가지 가정들만 무성할 뿐이다. 전염병이 돌아 순식간에 도시 전체가 죽음의 도시가 되었다거나, 외계에서 고도로 발달된 문명인들이 와서 살다 돌아갔다는 등이 그것이다. 공중에서 보면 비행접시가 내렸음직한 넓은 공터가 그 주장을 뒷받침해 준다.

요즈음 새로이 등장한 가설로는 '마추픽추'가 있다는 사실을 산 아래 잉카의 정복자 스페인인들도 알고 있었으나 워낙이 높은 고산지대여서 전쟁을 하기가 쉽지 않아 그냥 있는 대로 내버려 두었다는 주장이 있다. '마추픽추'에서 조금 떨어진 묘지 터에서 발견된 유골들의 70~80퍼센트가 여자들과 어린아이의 것들이었다는 새로운 발견을 토대로 항상 스페인의 침략에 대한 공포에 쫓기던 그들이 무슨 이유에선지 이동에 불편한 여자와 아이들을 전부 생매장하고 다른 곳으로 도주하였다는 설이 대두하고 있다. 그러나 모든 것이 추리일 뿐 아직도 아무것도 밝히 알려진 것은 없다. 웅장한 늙은 봉우리와 젊은 봉우리가 수백 수천 년 동안 바람처럼 한숨지으며 그 자리에 서 있으나 아무 낌새도 알려주지 않는다. 해가 뜨고 질 때 드리우는 신전과 테라스의 아름다움은 마치 수천 년의 주술에라도 걸린 듯 보는 이의 입까지도 닫게 한다.

땅에서 가장 높은 곳, 신과 얼굴을 맞대고 싶어 한 인간의 자존감을 구태여 과학으로 풀어야 할까. 억겁의 시간이 흐르는 대로 '있는 그대로 두어 주었으면…'

버섯 벽걸이

인디오의 눈물

일 년 내내 거의 비가 내리지 않는 페루의 리마에서는 가끔 새벽녘에 낮게 깔린 안개만이 땅을 촉촉이 적셔주어 생명의 숨결을 이어주게 한다. 이 안개를 인디오의 눈물 혹은 잉카의 눈물이라고 부른다. 연중 비가 내리지 않다가 5월에 겨우 몇 방울 떨어지는 비가 슬픔을 참는 인디오들의 눈물을 닮았대서 붙여진 이름이다. 과학적으로는 태평양 연안에 '훔볼트'라는 페루 한류가 흐르게 되면서 비를 만드는 구름이 만들어지지 않아 생기는 현상이라고 한다. 하지만 그들의 전설에는 오랜 옛날 침략자들에 의해 무자비하게 짓밟히고 멸망한 잉카들의 원한이 뼈 속 깊이 배어 있음을 엿볼 수 있다.

1533년 스페인의 침략자 프란시스코 피사로(Francisco Pizarro)가 잉카제국을 침공하여 무참하게 원주민 인디오들을 학살하자 해안가에서 조상 대대로 살아오던 인디오들은 눈물을 흘리며 안데스 산악지대로 숨어들어갔다고 한다. 한숨으로 증발한 인디오들의 눈물이 마르면서 페루 해안가에는 더 이상 내릴 비가 사라지고 빠른 속도로 사막화되어갔다고 전해진다. 페루에는 과학적으로 혹은 합리적으로 이유가 설명되지 않는 신비한 유적이나 자취가 아직도 많이 남아있다. 누가 왜 언제 어떻게 세웠다가 또, 언제 왜 어떻게 폐허가 되었는지 알 수 없는 마추픽추를 비롯하여 1965년도까지만 해도 하얗게 바닷가를 덮었다는 새 떼들의 잠적, 그리고 인디오의 눈물이라는 안개비 등이 그 중 대표적이다. 가만히 들여다보면 어떤 공통적인 이유가 있는 듯도 하다. 무엇인가에 쫓겨서 마추픽추의 주민도, 새도, 비도 사라져 버린 것이 아닐까 하는 추측이다. 쫓겨가는 자들의 뭉쳐진 저항이 피부 밑에 적갈색으로 번지기라도 한 듯 그들의 표정엔 웃음기가 별로 없다.

2010년 노벨문학상 수상자인 '호르헤 마리오 페드로 바르가스 요사'(Jorge Mario Pedro Vargas Liosa)라는 긴 이름의 작가는 페루의 대표적인 저항 작가이다. 그의 대표작 '염소의 축제'에는 암살자를 피해 쫓기는 독재자 '트르히요'와 그를 암살하려고 쫓는 자 '푸 포로만' 장군, 그리고 관찰자 '우라니아' 세 부류의 인간상들이 그려진다. 어느 날 이유도 모른 채 재산을 몰수당하고 축출된 전직 장관은 독재자의 환심을 얻기 위해 14세의 어린 딸을 억지로 독재자에게 주어 순결을 잃게 한다. 정신적 육체적 피해로 인해 일생을 박탈당한 상실감으로 살아가는 '우라니아'는 가장 힘없고 막심한 고통을 감내해야하는 일반 서민의 표상일 것이다. 어찌 보면 인류의 역사는 내 것 아닌 것을 빼앗으려는 한 사람의 욕심에서 뒤헝클어지고 핏빛을 튀긴다고 할 수 있다.

리마의 국립박물관이나 성 프란시스코 성당, 성 카타리나성당 등의 유물을 관람하면 그 문화적 수준과 예술적인 아름다움에 놀라움을 금치 못한다. 직조나 금은세공 도예, 그림 등은 오히려 현대의 단순 기능적인 작품보다 훨씬 화려하고 섬세하며 웅장한 예술적 안목의 소산임을 발견할 수 있다. 예술을 사랑하며 문화민족으로 평화롭게 사는 이들에겐 전쟁이라는 것을 하여야 할 이유가 전혀 없었던 것이다. 잉카의 참상은 풍부한 금, 은 매장량과 광활한 땅이었다.

세계대전과 크고 작은 전쟁의 원인은 어떤 옷을 입히던 빼앗는 자와 뺏기는 자의 투쟁이다. 문제는 이들 빼앗는 자가 빼앗는 행위를 마치었음에도 만족할 줄 모른다는 것이고 엄밀한 의미에서 빼앗는 행위는 끝이 없이 지구 곳곳에서 이어진다는 것이다. 빼앗긴 자들의 원한의 절규를 오늘도 귀 아프게 듣는다.

방금 티비(TV)에선 중동지역 남미 그리고 빼앗기를 준비하는 여러 곳을 비쳐 주었다. 잃어버린 가족으로 인해 통곡하는 저들의 눈물. 이제 인디오의 눈물은 안데스 산맥에만 머물지 않는다. 세계의 눈물이 되어 온 지구를 황폐화시키지는 않을지.

그런데 참 '훔볼트 한류'는 왜 생겼을까. 새 떼들은 다 어디로 갔을까.

부엉이 벽걸이

론다, 하늘 위 정원

'론다'는 스페인 남부 안달루시아지방의 말라가주에 있는 절벽 위의 도시이다. 인구 3천 5백 명의 작은 도시는 크게 두 구역으로 나눠어진다. 옛날 아랍인들이 살던 구시가지(La Ciudad)와 투우장이 있는 신시가지(El Mecadillo)인데 '코델라빈강'이 만든 150m의 타호(TAJO)협곡을 사이에 두고 버티어 있다. 이슬람문화와 캐토릭문화가 절묘하게 융합된 아름다운 정원과 무어양식의 타일로 장식한 하얀 건물들이 절벽 위에 솟아 있어 스페인에서 가장 인상깊은 도시로 손꼽힌다.

헤밍웨이는 '론다'는 '사랑하는 사람과 로맨틱한 시간을 보내기 좋은 곳'이라 했고 '릴케'는 '나는 아름다운 정원을 찾아 세상을 헤맸다. 그러다 마침내 발견한 곳이 바로 '론다' 하늘의 정원이다'고 극찬하였다.

'론다'의 찬사는 두 지역을 연결하는 '누에보다리'의 경관이 큰 몫을 한다고 할 수 있다. 42년간(1751-1793)의 대공사로 완공된 '누에보다리'는 길이 120m, 높이 98m이다. '누에보다리'(Peuente Nuevo)란 원래 있던 다리가 붕괴된 후 새로 지으면서 만들어진 새 다리라는 뜻이다. 헤밍웨이가 한때 거하던 집도 구시가지 끝자락에 있으며 그의 명작 '누구를 위하여 종은 울리나'의 배경이 된 곳이기도 하다.

법으로 정해졌는지 어쩐지는 알 수 없지만 누에보다리를 지나는 승용차를 보지 못했다. 적어도 관광버스는 다닐 수 없어 거의 모든 해안도시처럼 좁고 꼬불꼬불한 골목길을 걸어 올라가야 했다. 네모난 돌타일은 울퉁불퉁한데다 닳아 매끌거리고 언덕길이라 숨이 차고 오르기가 힘이 들었다.

우람찬 다리가 눈앞에 턱 나타나는 순간 불평스런 짜증은 순식간에 사라지고 다리 위에 올라섰을 때는 다리가 후들거리는 탄성을 연발하였다. 98m라는 높이가 무얼 의미하는지 저 아래 까마득한 집의 크기가 늘었다, 줄었다, 어지러웠다.

11-16세기에도 다리는 있었다고 한다. 그러나 옆집만 가려해도 멀리 돌아가야 하는 불편을 해결하고자 필립 5세 왕은 직경 35m의 아치형 다리 건설을 추진하였다. 다리는 8개월 만에 50명의 사상자를 내며 힘없이 무너져 버렸다.

몇 년 후 안달루시아의 건축가 호세마르틴(Jose Martin)은 깊은 골짜기 아래서부터 단단한 돌을 쌓아 올렸다. 42년간이나 쌓아올린 바위돌 다리라니… 그게 바로 거대한 댐처럼 견

고한 120m, 98m의 누에보다리(Peuente Nuevo)인 것이다.

5월말인데도 이글거리는 태양은 하얀 벽에 작열하여 사정없이 되쐬는 햇살이 선글라스도 소용없게 눈이 부셨다. 절벽 위 다리에는 협곡을 쓸고 다니는 바람이 몹시 세었다. 동서남북 셔터를 누르며 건너갔다가 두어 골목 서성이고 다시 건너왔다. 시에스타를 즐기는 문 닫은 거리를 기웃거리는 것이 그리 좋은 관광 같지는 않았기 때문이다. 온통 하얀색과 세상없어도 쉬는 시간을 찍어놓고 낮잠자는 나른한 거리풍경이 나그네의 발걸음마저 질질 끌게 만들었다.

다리 입구에서 돌아보니 구시가지 오른쪽 끝에 나무에 가려진 집이 보였다. 헤밍웨이가 한때 거하던 집이라고 한다. 유일하게 노란색을 칠한 이 집이 보고 싶었지만 걸어서 다녀오긴 시간이 모자랐다. 지금은 비어 있다는 구실을 위로삼아 발길을 돌렸다.

신시가지 쪽 절벽에 기대어 층계식으로 지은 카페가 여럿 있었다. 입구에 헤밍웨이의 사진과 싸인을 걸어놓은 카페에 들어섰다. 누에보다리는 위에서 볼 때보다 아래서 올려다 보는 게 더 아름다웠다. 아치사이로 비끼는 광선이 교각에 반사되어 떠오르는 반달같다.

마을의 소통과 경제 발전에 크게 기여하고 있지만 스페인

내전 때는 죄수들의 감옥, 처형장이었다고 한다. 공화파와 프랑코파가 번갈아가며 마을을 점령하고 이 다리 위에서 적을 협곡으로 던져 처형했다는 사실이 '누구를 위하여 종은 울리나'에 언급된다.

세상의 모든 아름다운 것에는 제물이 있어야 하는 것일까. 헤밍웨이가 영감을 얻었다는 죽음에 관한 존 던의 시가 떠오른다.

종은 모든 죽음 하나 하나를 위하여 울린다/

누구를 위하여 종은 울리나 알려고 하지마라 / 그것은 너를 위하여 울리니/

모든 사람의 죽음은 너 자신의 죽음이다

1940년에 이작품을 쓴 헤밍웨이는 1961년에 엽총자살을 하였다. '무기여 잘 있거라(1928년)'에서 극단적인 허무주의와 삶에 대한 환멸, 비극적인 세계관의 소유자이던 그는 '누구를 위하여 종은 울리나'(1940년)에선 자유 평등, 박애정신을 표방한다. 그리고 20년 뒤 그는 스스로 누구에게나 울리는 조종을 따라 사라졌다.

육중한 아치형 돌벽 위 다리를 올려다보았다. 짙은 카푸치

노 향기에 번져가는 바람결이 다리에 고인 삶의 숨소리처럼 흐트러졌다. 죽고 사는 인간의 삶이 있었기에 산은 호흡을 하고 생기를 갖는 것이라 생각되었다. 땅에서 나서 흙으로 돌아가는 인생의 숨소리가 너를 위하여, 나를 위하여, 세상 끝날까지 영원히 이어진다는 것은 위로가 될 것인지, 슬픔이 될 것인지.

국화 수병

안달루시아의 나그네

지중해의 전망대라는 스페인 '미 하스'(Mijas)에 도착한 때는 이른 아침이었다. 바닷가에서 피어오른 안개구름이 산마을을 세수시키며 서서히 물러가는 중이었다. 물기어린 촉촉한 모습들이 조심스럽게 얼굴을 내밀자 시야는 온통 하얀색뿐 마치 거대한 목화더미 속에 묻힌 듯 몸과 마음이 폭신하니 아늑하기까지 하였다.

여행 일정의 반이 훌쩍 지난 엿새째 날에 작은 마을 '미 하스'가 인상에 콕 박히는 것은 그간의 여행이 정신없이 지나간 때문이기도 하였다. 출발 첫 날은 6시간의 시차를 안고 밤으로 비행하여 다음날 아침 8시에 '바르셀로나'에 도착하였다. 종일 시내관광을 한 후 겨우 밤 10시경에 잠자리에 들었는데 새벽 4시에 출발이라며 깨웠다. 7시 반 포르트갈의 '리스본'으로 가는 비행기를 타기 위해서였다. 하루 평균 일만오천 내지 이만 보의 걸음을 울퉁불퉁 걸어온 고된 여행이었다. 교회성지순례를 빼곤 10명이 넘는 단체여행을 한 적은 별로 없었다.

운전사와 두 명의 가이드. 총 40명의 인원이 대형버스를 타고 좁고 고르지 못한 산길을 달려야 하는 일정을 눈을 비비며 누비고 다닌 것이다. 이제 겨우 시차에도 적응이 되고 매일 아침 짐을 끌고 나오는 단체생활에도 차츰 익숙해지는 중이었으나 몸과 마음은 잔뜩 긴장으로 피곤하였다.

새로 만나는 사람들과 스스럼없이 말문을 트는 남편을 통해 한 버스를 탄 동행자들과 조금 더 친근한 대화를 나누게 되고 여행은 고생길과 즐거움을 섞으며 무르익어갔다. 버스 안의 분위기도 수선거리고 명쾌한 웃음소리가 가이드의 안내말 사이에 끼어들었다. 그 중 가장 큰 웃음소리는 보스턴 세 자매들의 것이었다. 한 마을에서 십여 년 넘게 사귀어 온 나이도 서로 다른 친구들인 이들은 의사와 직장인인 남편을 두고 저희들끼리만 여행을 다닐 정도로 활기차고 유쾌한 일행이었다. 보스턴마라톤에 매번 나간다는 막내는 몸집은 그중 작지만 이들의 행동 대장이었다. 뉴욕에서 박사학위를 마친 아내가 시카고대학 교수로 가는 바람에 이산 커플이 되었다는 젊은 부부도 있었다. 서로 시간을 맞추느라 애를 먹었다는 이들에게 두 주간의 휴가는 금쪽같은 시간일터였다.

이런저런 일상에서 떠나 온 곳의 일들은 전부 비우고 고행처럼 얻은 긍정적인 기쁨으로 채우려고 모두의 시선이나 발걸음은 뜨겁게 열기를 내뿜고 있었다. 가이드의 안내 설명이 끝나자 더러는 마차를 타러가고 각기 사방으로 흩어졌다. 축축한 날 당나귀가 끄는 마차를 타기엔 그 냄새가 감당수준을 넘으리라 짐작한 우리는 천천히 언덕길을 걸어서 올라갔다. 좁은 골목을 돌며 언덕 꼭대기로, 다시 저 아래 바닷가까지 내려가며 나지막한 집 추녀에 이마를 스치면서 꽃으로 장식한 아름다운 동화의 마을을 기웃거렸다. 여행을 하다보면 사람 사는 세상 인정은 어디나 다 같다는 생각을 할 때가 종종 있다. 그런 느낌은 도시보다는 농촌이나 산촌마을에서 더 많이 만나게 된다.

지중해가 훤히 보이는 골목길 맨 끝의 선물가게에서였다. 아직 대부분의 상점들은 문을 닫고 있는 시간이었는데 한 가게에 불이 켜졌다. 순간 눈앞의 전경이 생기를 얻는 듯 확 하니 떠오르며 빛을 발산하는 것이었다. 가게 안 모든 것이 밝고 깨끗하고 신선해 보인 것은 하얀색에 젖은 눈 때문이었는지 진열대를 옮기며 웃음 짓는 노인조차 신선처럼 희고 부드러운 인상이었다. 노인은 이것저것 도자기들을 들어 보이며 가게 안을 안내해 주었다.

이 지방 도자기공예는 세계적으로 유명해서 인형이나 그릇들은 정말 아름답고 섬세하였다. 그때 대여섯 살된 계집아이가 '할아버지' 하면서 가게로 뛰어들어 왔다. 노인은 우리를 안내하던 일 다 제쳐놓고 손녀딸을 끌어안고 기뻐하였다. 무거운 것을 살 생각이 전혀 없던 우리는 고개만 까딱하고 나왔다. 언덕길을 올라오면서 방금 일어난 장면들을 떠 올리니 왜인지 모르게 무엇이던 하나를 사주고 싶다는 생각이 솟구쳤다. 다시 돌아온 우리를 반기는 노인에게서 오래전 외할아버지를 뵙는 사랑이 전해졌다. 말은 통하지 않으나 연신 미소를 띠며 포장을 하던 노인이 계산대 앞 유리장에서 사기 마스코트 하나를 꺼내주었다.

산그리아 도마뱀, 온갖 병을 예방하고 치료해 준다는 전설의 마스코트였다. 등 한 복판에는 다이아몬드까지 박혀 있었다. 집합장소로 내려오니 약속시간보다 조금 일렀다. 광장 가운데 당나귀 동상이 있었다. 이 지방의 대표 동물이라는데 저 당나귀를 타면 나머지 여행길을 편안하게 마친다는 해설에 너도 나도 차디찬 당나귀 등에 올라타고 즐거워하였다.

보스턴 마라토너가 흰 설탕을 입힌 따끈따끈한 로스트 알몬드를 한 줌 주었다. 이 지방의 특산품이라 해서 한참 줄서 샀다며 우리는 어디에 갔었느냐고 물었다. 플라맹고 마그넷이 예쁘다고 찬사를 보내던 그들은 내 손바닥에 놓인 산그리아를 보더니 알짜배기 관광을 했다며 부러워하였다. 호주머니

속 산그리아를 만지작거리며 당나귀도 탔으니 나머지 여행은 걱정하지 않아도 될 것이다. 병 없이 즐거운 인생길, 나그네길 끝날까지 안달루시아의 하얀 마을이 따라 올 것이다. 멀리 동굴 성당에서 청아한 종소리 가슴 공동에 메아리친다.

접시

외로운 별, 텍사스

계획을 세심하게 짰더라도 뜻하지 않은 어려움을 당할 때가 가끔 있다. 여행 가방에 꼭 넣었어야 될 것이 빠졌다던가, 비행기가 연착 연발을 한다거나 마중나올 에어버스와 연락두절일 때 편안한 여행은 신경줄에 엉겨서 가슴을 조이게 한다. 대개 우발적이거나 피치 못할 상황의 돌발쯤으로 여겨져 차츰 열기가 사그러들고 관대해지기 마련이지만 아무리 생각해도 이해할 수가 없다.

텍사스 휴스턴에서 개최되는 컨퍼런스에 참석하게 되었다. 온 동네가 빨갛게 노랗게 활활 불타던 나뭇잎들이 아직은 반 넘어 가지에 매달려 춤추는 11월 중순이었다. 무서리가 훑고 간 기온이 제법 싸늘해서 이미 겨울 옷으로 덧입었는데 낮엔 반팔로 다니고 저녁엔 얇은 자켓 하나 걸치면 된다는 날씨에 맞추어 가방을 쌌다. 에어버스로 나이아가라 국경을 건너 버팔로 공항에서 출발하는 비행기를 타기로 했다. 추수감사절과 맞물린 미국 내 항공권 구입은 쉽지가 않았다.

토요일 오전에 컨퍼런스가 끝나면 오후는 휴스턴 관광이 예정되어 있었다. 저녁 6시에 관광이 끝나니까 귀가 항공편은 8시 이후 시간대로 결정하던지 하루 더 호텔에서 숙박하라는 주최 측 공문이 있었다. 공교롭게 저녁 8시 이후에 출발하는 항공노선은 매진이 됐고 다음날 새벽 5시에 시카고 경유 버팔로행 비행기표를 겨우 살 수 있었다.

20여 년 전 휴스턴에 회의 차 간 적이 있었다. 6월 말 한여름이었는데 에어컨을 최상으로 틀어도 차창 유리는 뜨거워서 손을 댈 수 없을 지경이었다. 차문을 열면 한증막에 들어 선 듯 뜨거운 열기가 숨이 막히게 하였다.

바닷가에는 바로 가까운 바다 밑에서 끌어 올렸다는 여러모양의 조개껍질들이 잔뜩 쌓인 선물가게가 몰아치는 바람결에 산호섬처럼 늘어서 있었다. 직경이 1미터가 넘는 거대한 분홍색 조개껍질은 갓난아기의 요람처럼 따스하고 화사하니 예뻤다. 요람에서 잠자던 아기는 이제 살짝 보조개 미소짓는 수줍은 처녀가 되어있을까 보고 싶었다.

휴스턴은 완전히 변해 있었다. 뜨겁고 습하고 비만 좀 쏟아져도 금세 침수해 버리던 황야에 Oil, Gas, Energy산업을 근간으로 유명한 NASA(항공우주센터), Texas Medical센터 등 놀랍게 발전하고 있었다. 전 미국 매장량의 1/4에 해당하는 50억

배럴의 석유로 백만장자가 35만 명이나 되어 캘리포니아 다음 두 번째로 부자가 많은 곳이라 했다. 저렴한 생활비와 높은 고용성장 덕에 인구증가율도 35퍼센트에 이르러 지난 10년 동안에 가장 빠른 속도로 발전한 세계 6대 도시에 들었다. 집값은 같은 돈으로 뉴욕보다 4배, 샌프란시스코보다는 무려 7배나 넓은 공간을 살 수 있어 흑인, 백인, 아세아인 히스패닉 등 많은 민족들이 기회와 희망의 땅으로 모여들었다.

Caddo 인디언어로 친구 또는 동맹을 뜻하는 Texas주는 Lone Star State라는 별호를 가지고 있다. 사람들 성격은 거칠고 억세다는데 광활한 대지의 일기 또한 변덕이 심하기로 유명하다고 한다. 변덕 많은 날씨가 어쩌면 미국 대륙의 기상예보 전용어가 아닌지 의아스럽다.

드넓은 미국땅 어느 곳에서는 때 아닌 홍수, 가뭄, 산불, 그런가 하면 눈사태까지 한날의 일기예보에 다 들어 있기 일쑤다. 전날 폭우가 쏟아진 찌푸린 날씨가 세찬 해풍을 몰고와서 기온을 뚝 떨어뜨린 심술때문에 히터를 넣어야 되는 형편이었다.

새벽 3시에 공항에 나오느라 거의 뜬 눈으로 밤을 지샌 심신이 많이 피곤하였다. 6시간만 참으면 즐거운 나의 집 편안한 휴식이 있다는 가벼운 마음으로 체킹라인에 섰다. 그런데

5시 출발 시카고행 비행선은 시카고지역의 폭설로 인해 결항되었다는 것이다. 다음 비행기는 8시 30분, 그 다음은 10시 30분 출발인데 위에서부터 밀린 승객들로 인해 좌석을 도저히 잡을 수 없다는 것이다. 기가 막혔다. 문제는 시카고에서 버팔로, 버팔로에서 에어버스로 캐나다에 이어지는 여행스케쥴이었다. 일단 요행을 바라고 8시 30분 발 비행기에 스탠드바이로 검사대통과를 허락받았다. 5시간이나 휑한 공항라운지에서 기다린 결과는 실망이었다. 스탠드바이는 한사람도 태우지 못하고 게이트가 닫히는 것이었다.

항공사 고객서비스는 북새통이었다. 천재지변은 항공사에서도 법적 책임이 없다고 한다. 시카고 경유는 포기하고 어느 곳을 경유하던 버팔로까지 가는 것이 최선책이었다. 달라스 경유, 뉴욕, 로체스터, 필라델피아… 어떤 항공사건 어느 시간대건 관계없이 컴퓨터를 찍어보지만 직행은 없고 경유지인 경우 두 곳의 좌석 예약은 몇 갑절 더 힘들었다.

다음날 아침 7시 20분에 출발 필라델피아 비행기에서 두 좌석 찾아내고 필라델피아에서 오후 1시 40분발 버팔로행을 가까스로 예약할 수 있었다.

서비스센터에서 에어버스사에 시간 변경을 연락해 주고 항공사 교류숙박업소의 쿠폰을 주었다. America's Best Value

에 도착한 것은 오후 2시 반이었다. 비록 좌석이 멀리 떨어져 있긴 했지만 집에 갈 수 있다는 안도감은 오히려 느긋한 마음으로 깊숙이 들어앉을 수 있게 하였다.

그런데 7시 20분에 출발해야 되는 비행기가 그 자리에 그대로 있는 것이었다. 이윽고 조종석에서 마이크소리가 울렸다. 비행기 고장을 수리 하는 중이라며 가급적 최선을 다해 빨리 고치도록 하겠다고 안심시켰다. 원래 필라델피아 도착 예정시간은 11시 48분. 버팔로행 출발시간은 1시 40분이었다. 헌데 이 비행기는 필라델피아에 1시 30분에 도착한다고 최종 안내를 하고 있었다. 무려 1시간 반이나 수리를 하는 것이었다. 터미날 이동시간은 고작 10분이었다. 말문이 막혔다. 승무원들에게 짜증섞인 항의를 해보지만 자기들로서는 어찌 할 도리가 없다고 하였다.

공항에 내리자마자 이쪽 끝에서 저끝 청사까지 숨이 턱에 차서 달려갔지만 비행기는 이미 이륙을 하는 중이었다.

결국 4시 비행기로 출발, 6시에 버팔로에 도착하여 에어버스로 국경을 넘었다. 캐나다 포트 이리(Port Erie)에는 눈이 내리고 있었다. 집에 다 오기까지 오히려 차디차게 긴장한 내 마음의 언 입김처럼 함박눈이 펄펄 날리고 있었다. 폭설, 결항, 고장수리, 연발 연착… 도대체 어떻게 그 모든 난관들이 한꺼번에 일어날 수 있을까.

오늘 반세기도 훨씬 전에 상영된 '쟈이안트'(Giant) 비데오를 보다가 눈이 번쩍 뜨이는 듯했다. '여기서 50마일을 더 가야 내 집이 있지' 그 광활한 목장이 석유를 퍼올리는 메뚜기로 꽉 들어찬 장관과, 어린 세 남매가 모이를 주며 귀엽게 기르던 터키가 추수감사절에 칠면조요리로 상에 올려지자 아앙~ 일제히 울음을 터뜨리는 장면이 망막에서 떠나지 않았다.

휴스톤은 왜 그다지도 끝까지 줄기차게 나를 붙들고 놓아주지 않은 것일까? 정성들여 사랑을 나누며 기른 터키를 잡아먹는 감사절 축제나 땅 속에 핏줄처럼 흐르는 석유를 뽑아내어 그것으로 도시를 건설하고 문명의 발전을 이루는 인간들. NASA에서 쏘아올린 7, 8개의 인공위성은 누구에게 유익한 것일까. 대지의 표면은 화려한 발전을 이룩하나 자연의 속 중심은 피폐되어지는 것일지도 모른다.

텍사스라는 거대한 땅덩어리가 나를 붙들고 깊은 심중을 토로하고 싶었던 것은 아니었는지 한없이 외로운 별 하나 내 마음속에서 지워지지 않는다.

This then is Texas, Lone Star State of Texas

This then is Texas …Land I love.

그림의 착색(着色) 착시(錯視)

미술문화교류와 친선에 많은 역할을 담당하리라는 큰 뜻 아래 한국-캐나다 현대미술 교류전이 토론토 총영사관과 한국일보 도산갤러리에서 나뉘어 열리고 있었다. 지리적으로 멀기도 하지만 겨우 마련한 날이 전시회 마지막 날이었고 일기는 쓸모없는 가을비가 좌악 좍 쏟아지는 축축한 날씨였다.

도산갤러리에는 안내양 혼자 책을 읽고 있다 반색을 할 뿐 관람객은 아무도 없었다. 오랜 갈증 끝에 마시는 맑은 유리잔의 생수처럼 화가들의 개성 뚜렷한 그림들은 내면 깊숙한 미적 감각들을 쓸어 일으키며 잔잔히 흘렀다. 전시장을 한 바퀴 다 돌고 난 후 나는 다시 그 그림 앞에 와서 섰다. 천장에서 세 개의 작은 조명전구가 그림을 비쳐주는 지점에서 오른쪽으로 아주 천천히 옆걸음질로 발을 움직였다. 그림과는 일 미터 반 정도의 거리를 유지하면서 오른쪽 대각선까지 갔다가 제자리로 돌아와 같은 방법으로 왼쪽으로 가기를 반복하였다. 세밀히 관찰하였지만 조금도 변함이 없을 뿐 아니라 새로운 발견도 없었다.

이번에는 그림 앞으로 가까이 다가갔다가 천천히 뒷걸음질을 쳐 보지만 역시 마찬가지였다. '노랑정원' 116.8x91cm/oil on canvas. 그러나 내 앞에 걸려있는 그림은 장방형이 아닌 정사각형에 원제와는 동떨어진 느낌의 들녘 풍경이었다. 온통 하얗게 눈이 덮인 겨울 들판에 둥글게 말은 목초덩이 여덟 뭉치가 원근으로 배치되어 있고 약간의 희미한 그림자 처리를 빼고는 하얀색 일색이었다. 화면의 채광 또한 흐린 날씨인지 반사광선도 없었다. 말하자면 나는 하얗에 노랑이 입혀지는 연상을 찾아 이리저리 움직이고 눈을 질끈 감았다 떠 보기도 하면서 헤맨 것이다. 휑한 전시장이 전부 내 것인 양 아무 방해도 받지 않고 한 그림 앞에서 맴돌기를 한 시간은 넘게 한 것이다.

얼마 전 신문에 사진 시 '노을'을 흑백사진으로 올려주어 몹시 서운했던 기억이 떠오른다. 그래도 그 경우는 비록 흑백이더라도 '노을'이라는 사물과 형상이 주는 연상 작용이 어느 정도 그림의 채색을 가능케 했었다. 오늘날 세계적인 현대미술의 흐름은 형상으로의 회귀 즉 구상을 중심으로 재현되고 있다. 추상미술이 눈으로 볼 수 없는 세계를 표현한 경이로운 조형언어라고 인정하기는 하나 추상 언어로 표현된 현대미술이 감동을 일으키지 못한다는 자체적인 지적 또한 있어 왔다. 구상미술이 현대미술의 흐름을 포괄하는 하나의 경향성으로 이해되는 실정이니 전혀 추상적인 요소가 없을 수는 없을 것이다. 그렇더라도 이 그림은 다분히 추상 쪽에 기울어진 그림으로 보였다. 분명 현대미술(구상미술) 전시회라 표방하였는데 이 그림의 화가는 무엇을 전하고 싶었는지 도저히 이해가 안 되는 것이었다.

과수원과 목장이 많은 시골에 살다보니 문만 나서면 넓은 목초 밭을 흔하게 만나게 된다. 한여름 뜨거운 햇볕 아래 황금물결을 이루는 목초들은 전원에서 울려 퍼지는 땀과 풍요로움의 교향곡이었다. 하얀 눈 덮인 목초덩이들은 결실의 수고에 내려지는 포만과 안정과 평화의 유추일까.

머리를 갸웃거리다 안내양께 사진 촬영이 허용되느냐고 물었다. 가지고가서 여유 있게 더 음미해 볼 요량이었다. 어떤 그림이 그렇게 인상에 남느냐는 안내양께 '노랑정원'을 가리켰다. '아 이 그림요. 이건 잘못 붙인 그림이에요.' 오기로 된 그림이 오지 않고 다른 그림이 왔다는 설명이었다. 그럼 이 그림의 참 제목은 무엇이란 말인가?

안내양은 책상 밑에서 봉투에 든 전시작품 책자를 꺼내 주었다. 거기엔 삼분지 이가 전부 산뜻한 노랑으로 칠해진 화판에 화면 왼쪽 아래 모서리 삼분지 일은 역시 노란색 계통의 잔디위에 네 명의 여인들이 모자를 쓰고 의자에 앉아 이젤을 세워놓고 그림을 그리는 가을 풍경이 담겨 있었다.

한순간 말문이 막혔다. 다리에 힘이 빠지고 머릿속이 텅 비어지는 듯 멀뚱히 안내양을 쳐다보았다. '해도 너무 했구나.' 한숨처럼 중얼거렸다. 하얀 목초덩이 그림의 원제를 알아서 붙이던가, 아니면 그림을 전시하지 말던가, 그도 아니면 그림을 제목 없이 전시하던가 했어야 되지 않았을까? 색채에 대해 의문을 제기한 사람은 아무도 없고 내가 유일하다고 하였다. 관람자들은 붙여놓은 제목대로 하양을 노랑으로 그저 지나친 것일 게다.

아무리 그림이 뜻으로 보고 상상으로 감상하는 예술이라지만 색맹이 되고 최면술에까지 걸렸다 깬 듯 머리가 무거웠다. 뭘 그리 예민하게 보나. 사회에 부조리가 그 뿐인가. 노랑정원이 폰 카메라에, 책자에 담겨 하얗게 노랗게 현기증을 일으킨다. 내 인생 그림에는 하양을 노랑으로 보라는 색칠은 말아야지 생각해 본다.

동백꽃과 미스 킴 라일락

지난 4월, LA의 데칸소 정원(Descanso Garden)으로 동백꽃 구경을 갔다.

데칸소 식물생태정원은 삼만오천 그루 이상의 동백꽃나무 숲으로 유명하다. 원예종 동백(Camellia)이 주종이지만 빽빽한 동백나무숲을 비집고 다니노라면 한국 토종 홑겹동백꽃도 만나게 된다. 외국에 살면서 고국에서 즐겨보던 꽃을 만나면 어떤 꽃을 막론하고 반갑기 한이 없지만 그 중에서도 무궁화와 동백꽃은 마치 친정처럼 포근한 마음의 안식처를 준다.

무궁화가 위엄을 갖춘 나라꽃으로 동족의 사랑과 애국심을 일깨워 준다면 동백꽃은 조선여인의 절개와 법도를 펴내는 지순한 꽃이라 할 수 있다. 사금을 입힌 듯 반짝이는 짙푸른 나뭇잎들 사이에 얼굴만 살짝 살짝 내 보이는 검붉은 토종 동백은 언제나 머리에 동백기름을 발라 앞가르마를 반듯하니 참빗으로 빗어 옥비녀를 꽂은 절도 높은 규방여인을 연상시킨다.

이에 비하면 원예종 동백꽃은 크기도 두 손바닥만 한데다 겹겹으로 치장한 서양 무희들의 치맛자락처럼 화려하고 펄럭대서 그만큼 경박스러워 보이고 정이 덜 간다. 한 겨우내 하얀 눈 속에서 안으로 정열을 불태우는 토종 동백과는 달리 원예종은 또 낙엽수이고 일찍 꽃이 진다. 동백꽃은 해홍화 산다화라 부르며 물에 빠져 죽음으로 정절을 지켰다는 어부의 아내를 기리는 여심화란 이름도 있다. 이미 동백꽃의 절정기는 지났지만 늦게 피는 꽃이라도 있을 거라는 기대감으로 정원으로 들어서는데 난데없이 라일락 향기가 진동하며 몰려들었다. 코로 스며들어 온몸으로 퍼져가는 듯 모세혈관을 자극한 꽃향기가 눈을 아리게 했다. 햇빛이 반짝해서 봄이 오나 보다 하면 한순간에 바람이 불고 눈까지 퍼부우며 변덕을 부리는 더딘 봄이 짜증스러워 찾은 공원이었는데 가슴 깊이 안겨드는 라일락향기가 두꺼운 더께를 산뜻이 씻어 주었다. 향기를 따라가는 벌, 나비처럼 발걸음은 저절로 그리로 끌려갔다.

해마다 튤립축제와 함께 라일락향기가 온 도시를 휘감는 '오타와'는 물론이고 캐나다의 어느 곳도 라일락꽃 순을 내기는 아직 추운 날씨가 계속되고 있었다. LA의 날씨도 제법 차다며 라일락동산에 들어서는데 'Miss Kim Korean Lilac'(미스 킴 한국 라일락)이라 쓴 표지판이 턱하니 앞을 막아섰다.

한국 라일락이라니 깜짝 놀랐다. 작은 꽃망울들이 뭉텅이로 모여 있는 진보라색 꽃송이들 옆에는 분홍색, 흰색 꽃 덩어리가 한데 어우러져 저마다 향기를 한껏 내뿜는 중이었다. 잎이 나기 전에 꽃이 먼저 피는 라일락동산은 색색으로 피어나는 뭉게구름이 쏟아놓은 듯 온몸은 금세 풀솜마냥 라일락 꽃냄새에 흠씬 젖어들었다. 미스 킴 라일락은 두꺼운 식물도감에 버젓이 학명 Syringa Patula Miss Kim이라 올라있고 북미주 제일의 라일락으로 인기를 누리고 있다고 쓰여 있었다.

1947년 미국군정청소속 식물채집가 '미러'가 남한의 어느 산 속에서 정향나무(털개 회나무) 종자를 미국으로 가지고 가 육종 개량하여 만들어 낸 라일락으로 자신의 연구를 도와주던 여성 '미스 킴'에서 붙여진 이름이라고 기록되어 있었다. 한국에서 보다 더 추운 기후에서 잘 자라며 아름답고 향기가 강열하고, 추위와 더위를 잘 견디며 병충해와 공해에 강하다고 줄줄이 덕목이 적혀 있었다. 4월에 라일락꽃 향기를 맡을 수 있는 이유가 바로 그 추위에 잘 견디는 체질개선 때문이었던 것이다. 한국 소녀가 '미스 유니버스'에라도 당선된 듯 덩달아 어깨가 으쓱해지며 대견하였다. 하지만 육종 개량 과정을 읽어보니 '미스 킴 라일락'이 되기 위하여 토양과 추위를 견디고 싹이 나서 첫 꽃을 피울 때까지 십여 년의 시간을 실험실에서, 냉방에서 혹독한 단련을 겪었다는 것을 알 수 있었다. 꽃이 거쳤을 온갖 고난을 떠올리니 청운의 꿈을 이루기 위해 갖은 고통과 시련을 겪은 초기 이민자들의 모습과 겹쳐지며 흐릿한 영상들이 어른거렸다.

백여 종족의 민족들과 경쟁하며 삶의 터전을 일구어야 하는 대부분의 한인은 언어장애와 성적부진으로 좌절하고, 이질문화에서 오는 사회적 불안이나 대인관계로 곤욕을 치렀다.

인종차별의 공포에 시달리고 이루지 못한 꿈에 절망하여 삶마저 포기하는 극한의 소식도 드물지 않게 들렸다. 그러나 오늘, 전 미주에는 이런 일 세대들의 눈물이 비료가 되어 정계에서 학계에서 그리고 전자과학 분야에서 영롱하게 빛나는 한인들을 많이 접하게 된다. 마치 수수알갱이처럼 한데 뭉쳐서 향기를 발하는 라일락꽃송이 같이 서로 협동하여 보다 명랑한 사회를 이루어 가고 있다.

옹기종기 붙어 있는 꽃송이를 살며시 어루만져 보았다. 손끝에 스치는 꽃송이들이 뭉치라, 힘을 내라, 참고 승리하여 향기를 발하라고 뜨거운 입김을 토해내고 있었다. 수륙만리 이역 땅에서 외로움을 견디며 안으로 자신을 가꾸어 온 강인한 한국 여인상을 만난 듯 절로 우리의 발걸음엔 탄탄대로를 밟는 무게와 힘이 솟구쳤다.

품위 있고 심지가 곧은 규방여인의 은은한 표상이 동백꽃이라면 지성과 아름다움을 연마하여 현대여인의 재색을 고루 갖춘 청순한 꽃은 단연 '미스 킴 라일락'이라는 생각이 들었다. 한 정원 울타리 안에 마주하고 서서 향기로 들숨날숨 속내를 주고받으니 멀리 떠난 외로움은 바람결처럼 날아가 버리고 깨끗이 비워진 마음 그릇엔 단단히 영근 지혜와 절도 높은 심성으로 가득 차고 넘칠 것이다. 새 삶을 열기 위해, 한 시름 짊어지고 그 그늘 찾는 나그네 있거든 보일 듯 말듯 살풋한 미소에 향기 담뿍 담아 새 소망과 힘을 얹어줄 우리의 여인 꽃들이 한없이 자랑스러웠다.

다시는 더디 오는 봄을 불평하지 말아야지. 돌아나오는 내 몸에서 라일락꽃 향기가 나고 있었다.

그림 그리는 작곡가

그림 그리는 작곡가 안병원 님의 특별전을 감상하였다. 88세 미수전이라는 참 특별한 미술 전시회였다. 들어서면서부터 마음 한구석이 웅얼거리기 시작했다. 어쩌자고 그 큰 재주를 한 사람에게 다 주신 것일까.

안병원 님은 음대 재학 때에 이미 국민동요가 된 '우리의 소원'을 작곡하고 '구슬 비' '푸른 바람' 등 200여 곡의 아름다운 동요를 작곡 보급한 동요음악가이다. 작년에 '우리의 소원'의 작곡 65주년 기념음악회를 LA의 Walt Disney Concert Hall에서 열었으니 실제로 이제 노인이 된 어린이까지 온 세상 어린이들의 사랑과 존경을 한몸에 받고 있다 해도 과언이 아니다. 그런 그가 3회째의 미술전시회를 하다니 불공평하게 느껴지지 않을 수 없다.

특별히 누구의 화풍에 사사한 적이 없는 44점의 그림들은 자신만의 독특한 화법으로 사물과의 교류와 감성을 표현하였다. 감상하는 사람에 따라서 반 고흐식이라 하기도 하고 나는 언듯언듯 포개지는 마티스의 화면을 본 듯도 하였다. 대체로 사실주의 표현파에 가까운 그림이라 할 수 있는데 신기한 것은 미술과 음악의 예술적 감성이 서로 상통하는 것이었다. 화폭에 담긴 색채의 붓질이 큰 종이에 그려진 음계들의 악보가 되어 지휘봉에 따라 노랑 소리 빨간 소리 고은 화음을 내고 있는 노래 소리로 울려오는 것이었다. 어떤 주제의 그림이던 부드럽고 선명하고 밝은 느낌을 주었다.

겨울공원의 흰 눈과 얼음이 북풍이 불어대는 매서운 추위와 고통을 나타내기 보다는 소복한 흰 눈에 덮인 폭신함과 다정함을 전해주고, 공원의 밤풍경이 어둡고 음산한 두려움대신 몇 개의 별이 오히려 더 아름답게 비치는 희망과 아늑함을 주기도 한다. 이것은 동요음악가인 그의 감성의 기질에 기인한 것이 아닐까 짐작된다.

이런 현상이 가장 두드러지게 나타나는 그림은 'Baby Face'라는 그림이었는데 언 듯 뭉크의 '절규'가 연상되는 자태로 두 팔을 턱에 고인 여자아이는 유령 같은 절규의 모습이 아니라 아주 천진하고 해맑은 예쁜 얼굴이었다. 이미 오래 전부터 소리로 색칠하는 하모니 칼라시스템 소프트웨어가 목소리나 노래 소리를 색으로 변환하는 것을 쉽게 접할 수 있는 지금 세대에 그림을 소리로 변환시키는 기능도 어느 분야에

선가 진행되고 있을 것이라 생각된다.

안병원 님의 그림은 화가 자신이 음악작곡가임으로 그의 예술적 감성은 이미 이런 모든 기능을 가시화해 준다고 생각되었다. 눈으로 보고 귀로 듣는 미술의 세계를 그가 보여 준 것이다. 더욱이 상상과 뜻으로 감상하는 그림에 붙여주는 그의 소리는 천진난만한 동요라는 점에 늙지 않는 즐거움이 몇 배나 더 커지는 것이다.

전시장을 나올 때쯤에는 그가 그 큰 재능을 다 가진 것이 오히려 우리에게 축복이라 흐뭇해 하다가 문득 '헬렌 니어링'의 시가 떠올랐다.

오래 살게 되어도/늙지는 마십시오. 우리가/태어난 '위대한 신비' 앞에서/ 호기심으로 가득 찬 어린아이처럼/ 계속 살아가십시오.

먹골배의 향수

배(梨)라면 나주배하고 먹골배만 있는 줄 알았다. 돌배와 아그배를 알게 된 것은 좀 지나서였지만 시골 산야에 생김새도 조잡하고 맛이 없는 야생배 정도로만 알고 있었다.

돌배는 우수종을 접붙이지 않아 볼품없는 야생배가 되었고 아그배는 장미과에 속한 교목으로 긴 열매자루에 빨강, 노랑의 열매가 달려 산다과(山茶果)라고 한다는 것은 과수 전문가를 통해 최근에 알게 되었다.

어찌하다 보니 졸업한 고등학교 이름도 이화(배꽃)이고 대학 졸업 후 잠간 근무하였든 서울여자대학은 배나무과수원 속에 자리 잡고 있어 배꽃과 그 향기에 묻혀 살게 되었다. 배(梨)와 얽힌 여러 추억 중에서도 특히 서울여자대학 주위는 이른 봄 배꽃 필 무렵이면 온 천지가 흰 구름에 덮인 듯 하얀 배밭 사이로 꽃향기가 넘실대고 가을이면 먹골배의 단내가 사방에 진동하였다. 배 익을 철 주말이 되면 외출나온 육사(陸士) 생도들과 시내에서 몰려온 젊은이들의 멋과 낭만이 생기로 어우러져 화려한 풍경화를 그리곤 하였다.

처음 미국, 캐나다에 왔을 때 슈퍼마켓에 수북하게 쌓여있는 각종의 풍성한 과일들은 위축되고 불안한 외국생활에 더없이 큰 위로와 기쁨을 주었다. 파인애플, 바나나, 망고… 이름 모를 이국 과일들 틈에 사과와 배도 있었다. 장바구니 가득 채워 신이 났었다. 헌데 사과도 배도 한 입씩 베어 먹곤 눈물이 나도록 실망하였다. 더구나 배라니… 모양부터 표주박같이 길음 한 게 과육질 속에 돌 섬유가 많고 껍질은 왜 그리 껄끄럽고 딱딱하던지 과일 맛이 덤덤하니 전혀 배 맛이 아니었다. 어린애 머리통만 한 둥실한 배. 아삭 아삭 씹는 대로 단물이 팔꿈치까지 줄 줄 흘러내리던 먹골배가 한없이 그리웠다.

며칠 전 친구들과 먹골배를 그리다가 불현듯 그 품종이 궁금해져서 문헌을 찾아보았다. 1920년대에 조사한 기록에 보면 학명이 밝혀진 33품종의 재래종과 학명이 밝혀지지 않은 28품종이 기재되어 있었다. 이들 재래종 배의 명산지로는 봉산, 함흥, 안변, 금화, 봉화현, 수원, 평양 등이 있다. 품질이 우수한 품종은 황실 배, 함흥 봉화 배, 청담로 배, 봉의면 배, 운두면 배, 합실 배 등이 알려져 있다. 이 중에서 청실 배는 경기도 구리시 묵동리에서 재배되었는데 석세포(돌섬유질)가 적으면서 감미가 높고 맛이 뛰어나 구한말까지 왕실에 진상되었다.

묵동은 증량천변으로 토심이 5~10cm로 깊고 배수가 잘 되는 사양토(모래바위)여서 배 맛이 특별히 좋아 먹골배(묵동의 우리 말)라는 이름을 얻었다. 그 후 세월이 흐르면서 여기서 재배되던 품종은 이제는 신고로 거의 바뀌어졌으나 먹골배라는 이름을 그대로 사용하기도 한다. 신고배는 먹골배의 재배법을 더욱 개량 발전하여 유기농으로 재배하고 조건을 두루 갖춘 전국 농장에서 재배되어 세계 각지로 수출하는 특산품이 되었다. 재배지로는 묵동, 곡성, 천안, 의성 두레농장 등이 알려져 있다.

불볕더위가 연일 계속되고 있다. 오늘따라 배나무 그늘 밑 평상에 앉아 속살이 하얀 먹골배를 어석어석 먹고 싶다. 감히 Pear(표주박 배)가 넘볼 수 없는 먹골배의 맛, 고향의 맛이 아닌가.

삼동골짜기의 바람소리

구름과 술래잡기라도 하는지 바람이 달리는 대로 하늘은 흐렸다 개었다 안절부절이었다. 머리카락을 간질이는 솔바람이 귀를 스치면서 가녀린 가락을 흥얼거려 주었다.

…오동추야 달이 밝아 오동동이냐~ 동동주 술타령이 오동동이냐~

…아~ 니 요오 아니요 궂은비 오는 밤 낙수 물소리,

오 동동오동동 끊임이 없이 오동추야 달이 밝아 오동동이요~.

산처럼 쌓아올린 쓰레기더미에서 이름 모를 갖가지 풀이 나고 꽃이 피는 생태동산이 개발되기 전 난지도는 한강하류에 제법 물이 많이 흐르고 조개잡이를 할 수 있는 삼각주였다.

대학 합격자 발표가 있은 며칠 후 그룹 친구들 여덟이 물놀이를 가기로 했다. 함께 수험공부하던 단짝들이라 각자 축하선물로 허락받은 것이었다. 그런데 마땅히 갈 만한 곳이 없었다. 아현동에 살면서 신촌역에서 연세대 뒤 터널을 지나 한참(?) 가면 한강이 나오던 것이 내가 알던 유일한 정보였다. 육이오사변 때 실제로 거기 모래밭에서 바지락조개를 잡아본 적이 있는 나는 물 건너에 섬이 있는 것도 기억해 냈다. 변변히 수영할 줄도 모르고 더구나 숙박시설에 대해선 깜깜이었지만 그런 허술한 정보를 들고서도 용감하게 출발하였다.

어떻게 갔는지는 전혀 기억에 남지 않는다. 다만 여덟 명의 소녀들을 떠올리면 길이나 방향이 웃음소리에 천방지축이었을 것이라는 짐작은 든다. 난지도에 도달하니 '삼동소년원'이라는 간판이 몇 채의 목조건물을 거느리고 턱 막아섰다. 무작정 사무실을 찾아드니 훈련복차림의 훤칠한 남학생이 의자에서 벌떡 일어나며 반갑게 맞아 주었다. 그가 바로 사무장이었다. 입을 벌리고 말문이 막혀 멀뚱해지는 순간이었다. 삼동소년원은 사변 직후에 고아가 되었거나 혼자 떠도는 소년들을 모아 소정의 학교 과정과 신체단련을 시키는 합숙 훈련원이었다. 선교단체와 YMCA, 그리고 소년단이 함께 운영하는 기구로 여러 도시에서 운영 중인 기독병원들이 크게 지원하고 있었다. 삼동이란 아마도 지육, 덕육 체육, 혹은 소년단(Boy Scout)의 세 손가락 경례의 삼동과 같은 뜻일 것이다. 18세가 되면 졸업과 동시에 소년원을 떠나게 되며 사회기관에 취업

시켜 자립한다고 하였다. 사무장은 운영단장으로 뽑혀 소년원 경비와 학생들의 일상생활 관리, 보호를 맡고 있는 조교의 책임이 있었다. 삼동소년원엔 외래숙박시설이 없었으나 마침 원장님과 강사 숙소가 비어 있다며 특별허가를 얻게 되었다. 한때의 누나들이 찾아든 기쁨을 주체하지 못하는 듯 싱글 벙글대던 그가 방명록에 기재하는 이름을 지켜보다가 반색을 하였다.

"손 씨에요?! 누님들 뭐 불편한 것 없어요?"

밤에 경비를 돌며 그가 늘 부르던 노래가 '오동추야'였다. 아는 노래가 그 뿐인지 아니면 당시 한창 라디오에서 귀청 따갑게 불러대던 유행가였기 때문인지 서글픔에 젖게 하는 그의 노래는 멀리서도 알아들을 수 있었다. 달 없는 날도, 비가 오지 않는 밤도 '오동추야 낙수 물소리'를 들으며 며칠을 지냈다.

새내기 대학생활에 정신없이 바빠서 물놀이에 대해선 거의 잊을 즈음 뜻밖에도 그가 집으로 찾아왔다. 학교를 졸업하고 원장님 추천으로 기독병원의 서무과 직원으로 취직되었다고 하였다. 첫 월급을 받았다는 그의 손엔 계란 3줄이 들려있었다. 제일 몸이 약해보이더라며 계면쩍어했다. 자칫 깨질세라 기다란 계란 꾸러미를 받쳐 들고 먼 길을 걸어왔을 정성이 눈물 나게 고마웠다.

그 후 틈만 나면 방문와선 '누나야!' 하며 따랐다. 그의 고향은 경상북도 후포. 아버지는 어부였다. 6·25 때 폭격을 맞아 무작정 달아났는데 나중에 와 보니 집은 다 불타버리고 가족들은 모두 생사를 확인할 수 없이 헤어져 외톨이가 되었다는 말을 하면서 눈물을 훔쳤다. 나의 어머니는 그런 그가 가엾다며 사랑으로 거두어 주셨다. 지방 도시로 전근하고 안정되었을 때 야간대학에라도 들어가 학업을 계속하라고 권했다. 병원장의 특별 배려로 그는 야근을 하고 낮에 대학공부를 할 수 있었다. 얼마나 힘들었을까. '누나가 하래는데…'가 유일한 동기고 격려였다.

모진 고난을 극복하고 승리의 졸업식을 하는 날 어머님이 서울에서 내려가 축하해 주셨다. 간호사와 결혼하고 소년단 단장으로 항상 빈궁한 처지에 있는 이웃을 돕는 일에 앞장섰다. 언제나 좋은 소식은 누나에게 먼저 날아오곤 했다. 어느 날 가슴이 온통 고막이 되어 쾅쾅 울리는 소식이 왔다. 친어머니를 찾았다는 것이었다. 고향에서 온 환자를 통해 연줄연줄 수소문해 찾은 그의 어머니는 아들을 잘 간수해 주어서 고맙다며 손을 잡고 놓지를 못했다. 누나 때문에 내가 사람답게 살게 되었노라, 서울 누님을 끔찍이 위한다고 전해 주었다.

소년단 단장으로 전지 훈련을 가면서 거긴 누나도 꼭 가 봐야 한다며 하얀 콩돌 해안으로 둘러친 백령도로 이끌던 고집, 대통령표창장을 받으며 경례를 부치던 늠름한 모습이 눈에 어른댄다. 맨날, 날보고 제발 좀 건강하라고 성화를 대더니…

누나야! 부르는 목소리 아직도 생생한데 공중에 맴돌다 사라지는 동생아!…

삼동은 어제나 오늘이나 그리고 내일, 영원토록 변치 않는 한결같은 사랑의 다짐이라 새삼 깨닫는다. 드디어 흐린 하늘에서 빗줄기가 내려앉는다. 낙수 물소리도 못내는…

4부

묵어 묵계

문을 닫고 들어오라

배달의 자손

색깔의 소리가 주는 정원교향악

존재의 발견, 기적

김밥 예찬

풀향기

흰 눈처럼 소복이

어머니 날 어머니 마음

어머님의 하얀 손수건

원시인과 공존하는 이상향

묵어(墨魚) 묵계(墨契)

18대 박근혜 대통령의 취임식이 거행되었다. 한국뿐 아니라 아세아 최초의 여성대통령은 취임사를 통해 새 정부의 국정 청사진은 경제부흥, 국민행복, 문화융성이라고 밝혔다. 또한 새롭게 출발하는 대한민국 호의 목적지는 '희망의 새 시대', 그곳에 이르는 여정은 '제2의 한강의 기적'이라고 강조했다. 서울 여의도 국회의사당 앞마당에 운집한 7만여 명의 참석자들은 취임연설 중 32차례의 박수로 열광하며, 축하하며 기뻐하였다.

옥타비오 아부토라는 해양사진작가가 멕시코의 바다 밑에서 엄청난 물고기 떼를 사진에 담아내는데 성공했다. 그는 이 사진을 찍기 위해 3년을 기다렸다고 한다. 거대한 덩굴뭉치처럼 바닥에 그림자까지 끌며 질주하는 물고기군단을 들여다보니 오래 전 오징어 떼가 몰려오던 강원도의 바닷가가 겹쳐졌다. 멀리 캄캄한 밤바다에 인광이 파랗게 번쩍이며 파도처럼 밀려오던 오징어 철의 장관은 언제고 꼭 한 번 다시보고 싶은 향수이기도 하다.

오징어는 오적 어(烏賊魚), 혹은 묵어(墨魚)라고 한다. 옛날 얘기엔 가시가 없는데다 맛이 좋아서 잘 잡혀 먹힌다고 호소하는 준치에게 제 가시를 다 내주었다는 의협심 많은 오징어라지만 실제로 이름을 얻은 유래를 보면 그리 선하지만은 않은 듯하다. 물위에 좌 악 너부러져 떠 있는 오징어를 죽은 줄 알고 까마귀가 쪼려고 내려앉는 순간 잽싸게 발로 감아 물속으로 끌고 들어가 잡아먹는다. '오적 어'는 '까마귀 도둑고기'라는 뜻으로 붙여진 이름이다.

또한 뱃속에 검은 먹물이 들어있어 위기의 순간에 시커먼 먹물을 속사포처럼 쏘아대어 시야를 가리기도 해서 '묵어'라고 부르기도 한다. 오징어의 먹물은 잉크처럼 찍어서 글씨를 쓸 수도 있다. 둘러보면 오징어만큼 서민적인 물고기는 다시 없을 듯하다. 특히 푸른 바다에서 잡아 덕장에서 바닷바람으로 말린 찝찔하고 찔깃찔깃한 마른 오징어는 삿갓머리, 몸통, 여덟 개의 울퉁불퉁한 긴 다리 통틀어 입이 궁금한 시간을 축내는 덴 더할 수 없이 좋은 주전부리감이다. 뿐만 아니라 속이 컬컬한 서민들의 포장마차 대포안주 감으로 질근질근 씹어대기엔 안성맞춤일 것이다. '질근질근…'은 때로 침을 튀기며 열을 발산하다가 의기투합하여 서로 어깨를 걸게도 한다.

시국적인 대사나 선거철이 되면 이런 현상들을 많이 볼 수 있다.

이처럼 오징어는 가장 민초들의 속살을 내보이는 삶의 길친구라는 것을 끄집어대는 이유는 아침 신문에 실린 기사와 사진 때문이다. 대통령의 지지도가 52%에서 44%로 뚝 떨어졌다고 한다. 인선에 난맥상이 이어지고 그에 따른 소통의 강경한 대처가 불통의 인상을 비쳐주어 정치력 부재라고까지 우려섞인 비판을 한다. 급기야 17개 부처장관이 단 한명도 없이 국무위원 자리가 텅 빈 국회에 국무총리 혼자 출석한 광경에 기가 질려 버렸다. 임시국회에서 의원들이 정부조직 개정안을 처리하지 못하고 폐회한 때문이라 한다. 새 정부를 국정표류 식물정부를 만들고 그 해결조차 불투명하여 사태의 장기화가 불가피하다니 큰 문제이다.

취임사에서 '국민' 이라는 어휘를 57번이나 사용하며 국민행복을 다짐한 대통령직 수행의 걸림돌이 무엇인지 답답하기만 하다. 민초들의 선량들. 국회 개원식에서 그들은 분명 국가를 위해 국민을 위해 충성을 하겠노라 서약하였다. 채 반년도 되기 전에 있었던 일이다. 오징어의 먹물로 쓴 글씨는 세월이 지나면 글씨가 사라져 흔적이 남지 않는다고 한다.

옛 글을 살펴보니 '간사한 백성이 오징어 먹물(墨)로 문서를 만들어 사람을 속이는 일이 있어 지켜지지 않은 약속, 사랑의 약속이나 선거공약 등을 오징어 묵계라 한다'고 되어 있다. 오징어 묵계, 오적 어 묵계, 묵어 묵계인 것이다. 오래 전 김지하 님의 장시 오적(五賊)을 읽은 적이 있다. 부패한 세태를 신랄하게 풍자한 내용은 다 잊었는데 토막구절 하나 아직도 기억에 남아있다. '…되는 것이 없고 안 되는 것이 없어…'

부디 우리 서민들의 염원으로 선출된 양당 선량님들. 가슴복판에 새긴 뚜렷한 서약을 지켜서 '…힘을 합치면 안 되는 것이 없어…' 그리하여 대통령도 국회의원도 묵어 묵계를 범치 않고 국민행복의 나라를 이루어 주기를 신신당부하는 바이다.

문을 닫고 들어오라

문을 닫고 어떻게 들어가요? 과연 그렇다. 들어와서 문을 닫으라는 뜻의 이 말을 우리는 일상 대화에서 너무도 무신경하게 서슴없이 사용한다. 모임의 긴장감이 풀어지는 웃음소리가 장내에 퍼져 나갔다. 문법적으로 틀린 말을 습관화된 숙어처럼 사용한 무안함이 문법과 문(門)에 대한 생각에 잠기게 했다.

노트르담 사원에는 세 개의 문이 있다. 프랑스의 대문호 빅토르 위고가 소설 '노트르담의 꼽추'를 출간하여 철거될 위기에 처한 사원의 복원기금 마련에 시동을 걸었다고 한다. 마지막 심판의 문을 중앙에 두고 왼쪽이 성모마리아의 문, 오른쪽이 성녀 안네의 문이다. 마지막 심판의 문은 최후의 심판날까지 굳게 닫혀 있다고 한다.

바티칸 시국의 베드로 대성당에는 다섯 개의 문이 있다. 맨 오른쪽에 성년의 문(Porta Santa), 성사의 문, 중앙 문, 선과 악의 문, 왼쪽 끝이 죽음의 문이다. 성년의 문은 1950년 성년을 기념하여 스위스의 신자들이 제작하여 기증한 문으로 50년 성년에만 연다고 한다. 죽음의 문은 베드로 대성전에서 장례미사를 거행할 때 이문을 통해 관이 출입하게 되고, 선과 악의 문은 1977년 교황 바오로 2세의 80회 생일을 기념하여 만든 문으로 오른쪽에는 선한 것, 왼쪽에는 악한 것을 상징하는 부조물들이 있다.

문을 열고 닫는 권한은 오직 교황에게만 있고 늘 굳게 닫혀 있다는 성당의 문들이 불현듯 '콘클라베'를 떠올리게 했다. '콘클라베'는 "열쇠로 잠근다"란 뜻의 라틴어이다. 교황 선출 방식으로 선거인단인 추기경들을 투표가 끝날 때까지 모인 장소에 가두고 대성당의 청동문을 봉쇄하고 모든 문들과 창문들을 봉하던 관행에서 비롯되었다 한다. 과거에는 내부에 임시 숙소까지 마련됐었다고 하지만 지난 베네딕트 교황 선출 시에는 '성 마르타 하우스'라는 바티칸 시티의 호텔식 건물에 묵기도 하였다. 직접 확인 한 바는 아니나 추기경들이 시스틴 성당에 모일 때 한꺼번에 몰려 들어가는 것이 아니라 한 줄로 서서 한사람씩 들어가는데 그 입장하는 방법이 특이하다. 한 사람이 들어가서 문을 닫으면 다음 사람이 다시 문을 열고 들어가 닫는다. 열고 들어가고 닫고를 계속하면서 전체 선거인단이 입장을 마치면 문이 봉쇄된다는 것이다.

'문을 닫고 들어오라'와 추기경들의 콘클라베 입장과 어떤 유사성이 있지는 않을지 곰곰 생각하다가 섬광처럼 번쩍하는 충격 가운데 이 말을 창시하였을 지혜자가 비쳤다. 맞다. 맞아. 문을 닫고 들어오라는 문장엔 '닫고'와 '들어오라'의 두 개의 지시어가 있다. 문을 열고 들어서는 순간 문밖의 잡다한 삶의 분요로움은 차단하고 여기 특정한 목적으로 준비된 무리나 장소로 들어와 합류하라는 주제자의 초대라고 깨달아졌다. 들어와서 문을 닫으라는 뜻의 단순 지시형 문장이 아니다. 또한 '들어오라'의 물리적 초대에서 끝나는 것이 아니라 문 앞에서부터 시작되는 좀 더 은밀하고 장중한 철학적 초대라고 알게 되었다. 예배와 회의에 참석할 때, 기도모임이나 심각한 의견을 교환할 때 '문을 닫고 들어오라'는 말은 그 장소의 중요성과 행사의 성격을 더욱 명확하게 차별화해준다.

콘클라베에 참석한 추기경들은 한 사람씩 지명하여 부른 하나님의 초대를 받아 맡은 사명을 엄숙하게 수행하였을 것이다. 한 가지 더 부언하기는 콘클라베는 투표용지를 전부 불살라 연기의 색깔로 투표결과를 알리는 것으로 끝을 맺는다고 한다.

간간이 크고 작은 단체모임에 잡음들이 안에서 밖에서 흘러다니는 것을 접할 때면 "문을 닫고 들어오라"는 결코 문법만을 가르치는 문장이 아님을 실감하게 된다. 세상의 잡다한 일상을 벗어 문밖에 닫아버리고 새 사람으로 들어오라는 초대인 것이다.

천상천하

배달의 자손

한국 국민성의 미덕은 예의범절, 그 중에서도 웃어른을 공경하고 섬기는 존·충사상이라고 할 수 있다. 예로부터 임금과 부모와 스승은 같은 지위로 높이고 존경하며 충성을 다하여야 된다고 가르친다.

일생을 가르치는 자리에서 보낸 옛 자취를 더듬다가 오래전에 기록한 두터운 '교장일지' 갈피에서 시선을 송두리째 붙잡아 매는 종이 한 장이 나왔다. '런던한인한글학교 교가' 손성호 작사, 한웅열 작곡의 C장조 악보와 가사이다.

템스 강 구비 돌아 터전 이룬 곳/ 여~기에 터를 닦은 배달의 자손/ 찬란한 문화유산 더욱 빛내는/ 런던 런던 한인한글학교/ 영원히 무궁하리/ 우리의 슬기// 끝없는 대지 위에 꿈이 티는 곳/ 배~우며 자라나는 민족의 기상/ 열심히 갈고 닦은 우리의 지혜/ 런던 런던 한인한글학교/ 영원히 무궁하리 우리의 자랑//

곁드린 짧은 작곡 취지를 읽어본다.

'…가사가 좋아서 곡을 쉽게 만들 수 있었습니다. 곡 전체를 한국적 맥이 흐르도록 작곡을 하였습니다. 둘째 소절에서는 무無에서 유有를 창조해가는 벅찬 환희와 힘써 터를 닦고 집을 세웠을 때의 기쁨을 표현하기 위해서 작곡하였고 넷째 소절에서는 가사의 마디가 3, 4, 5에서 변형된 것이어서 5소절에 연결되도록 '런던한인한글학교'에서 쉬지 않고 바로 5소절로 연결되어야 합니다.'

강당에서 운동회장에서 쨰랑쨰랑하게 울려 퍼지던 아이들의 맑은 목소리가 아련히 들려오는 가운데 상기된 얼굴들이 눈앞에 어른거리자 어느새 눈가가 젖어든다. 런던한인한글학교는 1978년, 정부의 소수민족 언어교육의 지원을 받아 토요일 오전에만 2시간 반 수업을 하였다. 설립 당시 교육청에서 학생들의 노트와 연필 등 약간의 학용품만 겨우 지급해 줄뿐 교재도 교안도 없는 막막한 실정이었다. 한국에서 교사경험이 있는 분들을 우선적으로 물색하였으나 이민 초기에 삶의 토대를 구축해야 되는 어른들은 모두가 바빠 한글교육에 관심을 쏟을 여유가 없었다. 그 즈음 교육계에서는 청소년 범죄율의 증가로 도덕 사회교육문제가 크게 대두되었다. 어린이들에게 미래에 대한 이상과 소망을 심어주는 롤 모델(Role model)의 부재라는 비판 또한 거세게 몰아치고 있었다. 60여 소수민족이 어우러져 살아가는 캐나다에서 우리의 자녀들을 건실하게 양육하는 일은 개인적인 문제가 아니라 한인 전체의 차원에서 중대한 과제였다. 언어적 장벽과 문화적 이질감, 소수민족이라는 어려운 환경에서 우리의 자녀들이 우수한 문화민족으로서의 민족적 자부심과 정체성을 가지도록 하는 일이 무엇보다 시급한 일이었다. 어른들은 생존경쟁을 돌파하기 위해, 아이들은 재미없고 힘들다는 이유로 한글학교는 관심의 뒷전에서 밀리고 있었다.

한글학교를 재미있는 곳으로 만들자. 어린이들이 한데 뭉칠 수 있는 구심점을 만들어 주자. 그리고 한국인이라는 공동의 정체성에서 함께 자부심을 갖도록 하자는 것이 교사들이 한결 같이 주장한 교육방침의 주안점이었다. 동시에 무언의 신조처럼 다짐하기는 절대로 한인끼리는 경쟁하지 말고 뭉치자는 것이었다. 중학교 체육선생이던 홍석재 선생님과 초등학교 교무주임이던 정일송 선생님을 기용할 수 있었던 것은 참으로 큰 행운이었다. 오늘의 저명한 런던 출신 유지들은 거의 전부가 적극적인 한글학교 학부모였었다. 매년 글짓기 대회,

말 잘하기 대회, 그림그리기 대회, 학예회를 열고 모일 때마다 애국가 봉창과 국민의례를 하였다. 그 중에도 특이한 행사로는 5월 5일 어린이날을 기념하여 공원에서 만국기 휘날리며 운동회를 열은 것이다. 대형 태극기와 캐나다 국기를 양쪽에 걸고 그 사이에 런던한인한글학교 현수막을 가로로 건 높은 나뭇가지 사이에 몇 줄로 만국기가 휘날리는 운동회장은 공원에 나온 이방 민족들에게 보기드믄 장관이었고 다함께 구경하며 즐거워하는 큰 행사였다. 한글학교 운동회는 런던 소수민족학교들뿐 아니라 정규학교에서도 유명한 야외경기가 되었다.

뒷배가 든든한 아이들처럼 기가 살아난 학생들은 정규학교 학과성적도 우수권에 들고 음악경영대회는 상을 휩쓸고 다녔다. 한글학교 교가를 짓게 된 동기는 바로 우리는 한국 사람, 런던한인한글학교 학생이라는 일체감을 더욱 단단히 다져주기 위한 사랑의 결실이라고 할 수 있다. 30여 년이 지난 오늘 그때의 어린 학생들은 이제 모두 사회의 중견인물이 되어 존경을 받으며 활약하고 있다.

몇 주 전, 퀘벡 주 Hull의 '에콜 코트 뒤 노 르' 초등학교 교사들은 학생들의 규율문제가 날로 증가하고 있는 것은 학생들이 교사를 '튀'(Tu, 너)라 부름으로서 아동과 성인 사이에

거리가 없게 돼 훈육과 교칙준수에 어려움을 겪게 되는 때문이라 하였다. 이에 학생들은 교사를 '부'(Vous, 존칭)로 부르기로 했다는 교장 르네 바스티영의 신문기사가 있었다. 돌아보면 우리의 자녀들이 당당한 우수 문화민족으로서 주위의 많은 민족들과 어깨를 겨루며 정체성을 자랑할 수 있는 길은 부모님께 순종하며 교사들을 존경하여 가르치는 과제에 열성을 가지고 배우며 서로 간에 나라사랑으로 뜻을 같이하는 훈련에서 얻어지는 것이라는 확신이 든다. 배달민족은 예절을 잘 지키는 문화민족이다.

색깔의 소리가 주는 정원교향악

'소리로 색칠하기' 라는 하모니 칼라시스템 소프트웨어체험을 한 적이 있다. 마이크에 대고 말을 하면 목소리가 색깔의 굴렁쇠처럼 구르며 도표를 만들어 내는 것이 무척 신기하였다. 내 목소리는 보라색에 가까웠다. 그 보다 앞서 밴쿠버 국제 박람회에선 피아노 연주에 따라 전광판에 색띠가 오르락내리락 춤추는 것을 보고 놀라워 한 적도 있었다.

3원음 도, 미, 솔의 파장비율(1:4/5:2/3)은 3원광 빨강, 초록, 파랑에서도 동일하게 나타나고 이 3요소로 이루어진 모든 음은 1:1로 대응된다고 한다. 색깔과 소리가 함께 가시화하는 것을 이때 알았다. 그 후로 세상 만물의 색깔에서 소리가 들리기 시작하였다.

권승연 화백의 초대전시회 '정원의 소리(Voice of Garden)' 는 '추상표현주의' 로 한인 화가로서는 처음 대하는 전시회이기에 관심이 많았다. 그가 영향을 받았다는 잭슨 폴락(Jackson Pollock)의 그림을 찾아 Number 1, 1950(Lavender

Mist)을 만나게 되었다. 그의 초현실주의 수법은 캔버스를 마루에 펴고 페인트브러시 대신 막대기나 나이프 등을 사용하여 물감을 똑똑 떨어뜨리거나 뿜어내는(Drip and Splash) 방법인 것과 색깔이 서로 스며들어 환상적인 분위기의 감각을 일으키게 한다는 것을 이해하게 되었다. 위의 그림 Lavender Mist에는 정작 Lavender색은 전혀 사용하지 않고 있었다. 권화백의 그림은 가청 영역 밖의 세계에 있는 소리들을 가청 영역으로 끌어내어 보는 이들로 하여금 소리의 높고 낮음대로 함께 온몸을 움직이게 하는 생동감을 주었다. '새벽'과 '해진 후' 두 그림 사이에서 더 많은 시간을 보내다 화백님의 해설을 듣고서 그 근원을 더욱 선명하게 감지하였다. 소리는 움직임에서 생기는 것이 아닌가. '새벽' 만물이 움직임을 시작하는 이 그림에 중간과 상단에 그려 있는 하얀 점들은 날벌레들을 표상한 것이며 살아 있는 소리를 들려주려는 것이라 하였다. 또한 그림의 화면 전체가 한 주제이고 어느 한 부분을 강조하면 그림이 곧 싫증나는 무미한 그림이 된다고도 하였다. 캔버스 전체가 빈틈없이 고르게 색으로 차 있는 이유였다.

'정원의 소리' 여기서의 정원은 작게는 나의 뒤뜰일 수도 있고 크게는 생물이 존재하는 전 우주일 수도 있을 것이다. 또한 한 개체의 삶에서 일어나는 육신적 소리뿐만 아니라 정신적 감성적 이상 세계에서 일어나는 변화와 과정이 발하는 온갖 소리 일 수도 있을 것이다.

전시장 한가운데 서서 아주 세미한 소리로부터 웅장하게 펼쳐지는 아름다운 교향곡을 듣는 듯. 그 감동은 이명으로 남아 오래도록 여운이 남는 그런 소리였다.

눈으로 보고 상상으로 감상하는 그림 감상의 차원을 훨씬 뛰어넘어 이제는 그림에서 발하는 소리까지 감지하여 정신적 영적 세계까지 승화되는 예술의 경지를 차분히 음미할 수 있는 아주 특별한 전시회였다.

존재의 발견, 기적

유난히 온몸이 노곤해서 선듯 일어나지지 않고 뭉기적거리게 되는 때가 있다. 보이지 않는 접착제로 침대에 붙이기라도 한듯 온몸이 꾸물거리면 마음은 피곤의 출처를 찾아 지난 시간들을 추적하게 된다. 이룬 것 없이 비워 보낸 어제라는 날이 떠오르면 하루의 시작은 자괴감으로 무거워진다.

실은 아무것도 이루지 못한 날임에도 몸이 피곤하다는 사실이 짜증을 더해 준다. 숨차게 찾아다닌 대상이나 빈틈없이 채우려고 열심을 부린 것들은 무엇이었는지 오히려 흐려지는 기억의 창이 네 탓인 듯 스프링 소리 요란하게 벌떡 일어났다.

아래층으로 내려오니 활짝 핀 두 송이 꽃이 화려한 아침인사를 보냈다. 그렇지, 어제 저녁엔 해밀턴 작은 교회의 장로 권사 임직식에 갔다가 테이블 장식용 꽃을 주어서 가지고 왔지. 늦은 시간에 멀리까지 간다며 준 꽃을 봉우리인 채 유리컵에 건성 꽂았었는데 밤새 활짝 피어서 아침의 기상을 확 바꾸어 놓았다. 꽃 한 송이의 위력이 얼마나 큰 지 신선한 충격으로 전신가동을 점화시켰다.

사방에서 삐거덕 삐거덕 덧개 앉은 돌쩌귀 소리가 들린다. 매일 아침 쇼핑몰에 나가서 몰 워킹을 하는 외에는 특별한 시간의 채찍이 없는데도 늘 무언가 할일이 차례로 포개져 기다리는 듯 마음이 종종거렸다. 하루라는 시간의 용량이 한없이 커서 다 채우기 버겁다는 판단이 머리를 치는 순간 이 공간을 채워야 되는 것이 삶의 목적인양 분주해지는 것이다. 결과는 뚜렷한 성취감 없는 나른한 피로와 아쉬움이 그림자처럼 내려앉는 것이다.

가만히 발만 담고 있어도 저절로 깡총거리는 태엽인형처럼 사면팔방 뛰어 다녔는데 갑자기 태엽이 풀리고 고장난 장난감처럼 활동이 정지되어 버렸다. 인터넷이 고장나서 묶여버린지 벌써 3주째다. 이상스럽게도 카페만 열리지 않았다. …연결중입니다… 껌벅이다가 순식간에 사라져버리고 백지 화면이 되었다. 아무것도 볼 수 없는 데도 찍는 대로 방문 수는 계속 늘어났다. 밤새 방문 수 85회를 찍던 날 일단 멈춤의 여행을 떠났다.

오늘이라는 보증수표가 부도수표로 감금당하는 일상에서 탈출하고 싶었다. 산바람 바닷바람으로 폐부를 적시고 머리를 식히며 여러 모양의 사물을 만났다. 오감이 맑아지는만치 육신도 새로운 힘으로 충전되어 삶의 패턴도 상쾌해지리라 잔뜩 부풀어서 돌아왔다. 하지만 나를 맞이해 준 건 듬성듬성 기계충머리 같은 까칠한 잔디였다. 벗어 던지고 떠난 일상들까지 가세하여 눈총받는 잔디가 점점 밉상을 더해 주었다.

떠나기 전에는 잔디들이 파릇거리기 시작하던 때였다. 앞뜰 한복판에 서 있는 커다란 단풍나무 밑은 흙이 솟아서 털 빠진 붉은 모자꼴인데다 생명력 강한 잡풀만 무성하여 옆집 금잔디에 부끄러웠다. 제초제를 쓰면 안 되니 그야말로 일대일의 결전이었다. 화를 솎아 내듯 풀을 뽑고 흙을 돋아주고 비료를 덮은 뒤에 잔디씨를 뿌렸다. 톱쏘일을 덮고 매일 물을 흠뻑 주었는데 헛수고가 되다니 억울하기 한이 없다. 오늘은 열일 제쳐놓고 잔디씨를 뿌려야겠다.

봄에 쓰다 남은 잔디씨를 찾으러 부엌 옆 차고문을 열었다. 여름 내내 문을 내린 끈적한 먼지 냄새가 희부연 빛 속에서 몰려나왔다. 잔디씨를 찾지 못하고 돌아서다가 머리 위 선반에 무심히 눈길이 갔다. 두 선반 사이에 무언가 검은 덩어리가 있어 가까이 다가가 본 나는 그만 큰 소리를 지르고 말았다. 세상에! 아마릴리스 화분에서 기다란 꽃대가 나와 무성한 꽃이 고개를 푹 꺾고 선반 사이에 끼어 있었다. 다 피고 진 마른 뿌리를 손쉽게 차고에 방치하고 잊어버렸었는데 거기서 싹이 나고 꽃을 피운 것이다.

꽃이 상할세라 화분을 옆으로 누이면서 조심스럽게 꺼내어 방으로 가져왔다. 로이얼 덧치 아마릴리스(Royal Dutch Amaryillis). 이름처럼 화려한 붉은색에 눈이 부셨다.

6월도 중순인데 겨울꽃 아마릴리스를 본다는 환희가 새로운 감회를 불러일으켰다. 그런데 그 순간 또 다른 감동이 전율처럼 온몸을 훑어내리고 있었다. …네가 거기 있는 것을 찾지 못했다면 그대로 혼자 피었다 시들어 버렸겠지. …얼마나 마음졸이며 기다렸을까. 그러고 보니 꽃과 나는 얇은 벽을 사이에 두고 제각기 안절부절 지샌 것 같다. 생명을 찾으려, 저장된 글을 찾으려 애를 태운 것이다. 시간이 어제로 그어졌다고 해서 전부가 부도수표는 아닐 테다. 그것은 내일의 공수표를 채우는 연수표로 적금될 수도 있지 않을까. 찾기 전엔 나타나 주지 않는 존재의 발견은 기적이고 삶은 기적의 연속이라는 상념에 젖어본다.

김밥 예찬

잔뜩 찌푸린 날씨가 야외소풍을 집안으로 몰아넣었다. 폭포를 휘젓고 달려온 세찬 바람에 등을 밀리면서도 소풍이라는 낱말은 우리 모두를 한무리의 어린이들 마냥 들뜨게 하였다.

나이아가라 지역에 사는 문협인들의 모임이 있다. 줄여서 '나문공모임' 이라 부른다. 김외숙, 엄희용 두 소설가와 정균섭, 손정숙 두 수필가, 그리고 배우자들이다. 매주 수요일, 12시에 버거킹에 모여 와퍼(Whopper Burger)콤보를 주문하고 커피와 프렌치프라이, 버거를 먹으면서 길게는 서너 시간씩 이야기꽃을 피운다. 의사 송 박사와, 힐스 목사님, 그리고 건축가 김 선생님까지 다양한 분야의 전문지식과 상식, 세태 정보 교환을 하다보면 시간이 언제 갔는지 모르게 휙 지나가 버린다.

만나자마자 대개 첫 화두는 '아픈데 없느냐' 이다. 음식과 병과 건강관리에 대해 이야기를 나누다보면 화제는 자연스럽게 정신적 건강과 이어지며 열기를 띄게 된다. 문인들이 모여서 작품 낭송을 한다든지 품평회같은 걸 하지 않고 시간을 허비

하는 것 아니냐는 의구심을 받은 적이 있지만 작품을 쓰다 밀어 놓고 그저 머리를 비우는 것이 숨은 목적이다. 서로 작품을 추천하고 책을 빌려보기도 하면서 감상을 나누기는 하지만 딱히 틀을 만들어놓고 문학을 거론하는 경우는 별로 없다. 재충전 수다방이라고나 할까. 한 사장이 무한정 커피를 채워주며 명예회원을 자청한 것은 이런 홀가분함 때문일 것이다.

돌아보면 소풍이라는 낱말을 들어 본 지가 무척 오래된 듯하다. 초등학교 때 밤잠을 설치며 날 밝기를 고대하던 설레는 기분을 가져 본 지도 까마득하다. 수학여행이나 현장체험같은 성숙한 용어가 끼어들더니 요즈음은 전혀 감성의 분위기가 다른 '야유회' 라는 낱말이 그 자리를 차지하는 듯하다.

가을이 막 시작되려는 9월 마지막 날, 나이아가라폭포 근처 공원에서 소풍을 하기로 하였다. 그 옛날 어머니의 사랑담긴 솜씨를 흉내내서 가장 맛있는 김밥을 싸가지고 오기로 결정하였다. 각자 싸가지고 온 김밥을 식탁에 풀어 놓으면서 탄성이 쏟아져 나왔다. 어쩌면 김밥을 저리도 소설처럼 수필처럼 시처럼 아름답게 지어왔을까.

김외숙의 김밥의 변신 '타코김밥'

손정숙의 정통 궁중김밥 '계란말이 김밥'

엄희용의 든든한 사랑담긴 '찰밥 김밥메들리'
정균섭의 화려한 퓨전김밥 '과일김밥'

제각기 자신들도 협조했노라며 영예를 나누려는 배우자들 때문에 힐스 목사님께 등수를 가려달라고 부탁 드렸다. '나는 김밥 못 먹어요' 이럴 줄 알고 미리 자기 몫의 김밥 샌드위치를 싸가지고 오신 지혜로운 목사님때문에 폭소를 터뜨렸다. 집주인 외숙 님이 끓인 따끈한 된장국에 김밥 나르기가 한참 분주하였다.

김은 해조류 중 홍조류에 속하는데 원래 바위에서 자라는 이끼라 하여 해태(海苔)라고 부르기도 하지만 15세기 초의 경상도 지리지엔 '해의' 라는 옛 이름도 있다 한다. 13세기 말 삼국유사에 이미 김을 먹었다는 기록이 있고, 현재의 양식김의 개발은 17세기 초 김여익이라는 것이 정설이라고 한다.

해조류에는 50종 이상의 인체 필수 무기질이 있지만 가장 널리 알려지기는 요오드 성분이 많다는 것이다. 요오드 성분은 갑상선 기능 저하증의 치료에 절대 필요하다. 뿐 아니라 해조류에는 골다공증과 빈혈을 예방해주는 칼륨, 철분, 그리고 비타민, 단백질, 섬유질, 엽록소가 풍부하게 함유되어 있다고 한다. 최근에 나온 기록에 보면 요오드는 방사능 배출에 효능

이 있어 암치료에도 효력이 크다고 한다. 김 소비량이 많은 일본이 세계적으로 가장 장수국가라는 어느 통계발표가 있고부터 김 생산과 소비가 급격히 증가한다는 소식도 들린다.

제각기 솜씨를 부린 멋있는 김밥을 눈으로 혀끝으로 음미하면서 내 머리 속에선 새로운 지식과 지혜가 소용돌이치며 돌아갔다. 한 장의 김 위에 얇게 밥을 펴고 여러 가지 재료들을 골고루 가지런히 넣어 꼭꼭 눌러 말아서 만드는 김밥 제작과정이 떠오르자 반짝 마음의 눈이 불을 밝히는 듯했다.

김밥 속 식재처럼 제각기 다른 맛을 내지만 김밥 안에서 뭉쳐 하나의 맛있는 김밥을 만들어 내듯 인간사 모든 것이 서로 각각 개성이 다르지만 독특한 성격과 취미와 맛이 서로 어우러져 한데 뭉쳐질 때 참으로 살맛나는 세상이 되리라는 생각에 잠기게 했다.

풀향기(草香)

곧을 정(貞) 맑을 숙(淑). 정숙. 내 이름이다. 한세기 전 규방규수가 언듯 떠오르는 이름이 내심 불만스러운 적도 있었지만 요즘은 작명가의 리스트에서 조차 자취를 감춘 듯 보기 드물다. 일평생 친근하게 지니다 보니 사람마저 특징 없는 평범한 인성이 된 듯하다.

생년월일을 기반으로 미래까지 점쳐서 짓는 이름은 불리는 순간부터 역술적인 운명의 굴레까지 지워지는 듯 이름이 개인의 삶에 미치는 영향은 크다고 할 수 있다. 이름의 뜻을 짚기보다는 사람 전체를 떠올리는 경우가 더 많기 때문이다. 하지만 생물의 경우는 환경이나 생육과정에 따라 이름이 붙여지기도 한다.

10월 말인데도 인디언썸머라며 더운 날씨가 계속되더니 하루밤새 뚝 떨어졌다. 내일은 눈까지 올 거라고 예보하는 추운 날씨가 갑자기 들이닥친 것이다. 아직도 멀었다며 미루어 오던 화분들을 부랴부랴 안으로 들여놓았다. 잎새 하나 물에 담거나 줄기의 마디 한 토막을 흙에 묻어 뿌리내린 화분들이 수십 개가 되었다. 내 놓을 때는 모르겠더니 한꺼번에 들여놓기가 여간 힘든 일이 아니었다.

무거운 화분을 둘이서 맞잡고 데크 위까지 들어 올린 후 다시 방안으로 옮겨놓는 작업이었다. 유리 테이블 위에 대강 정리하고 나니 짧은 가을해는 땅거미지고 온몸은 땀에 흠뻑 젖었다. 꽃은 이미 시들어버리고 줄기와 잎새만 살아있는 화분의 식물들마저 후줄근해 보였다. 며칠 지나니까 줄기도 더 꼿꼿이 힘이 서고 잎사귀 색깔도 파랗고 싱싱해졌다. 더욱 신기한 것은 꽃눈이 좁쌀만 하게 솟아나는 것이었다. 햇볕 잘 드는 방안이 따뜻해서인지 아니면 필경 내 푸른 손(Green thumb)때문이었을 게다.

11월에 난데없이 흰백합화와 푸샤, 크리스마스 칵타스가 함께 꽃망울을 내고 있었다. 그러나 넓은 아보카도 잎에 가려진 노란 별모양의 토마토 꽃망울을 보고서는 말문이 막혀버렸다. 재작년 봄에 아보카도 씨를 물에 꼽아 뿌리를 내린 후 몇 번 분갈이를 해 주고 안으로 밖으로 끌고 다닌 아보카도 화분에 어디서부턴가 토마토 씨앗이 날러온 모양이었다. 줄기만 길게 뻗은 토마토나무를 뽑아버리지 않고 그대로 들여왔는데 거기에 꽃이 핀 것이다.

벌도, 나비도 없고 그렇다고 그냥 져버리면 너무 불쌍하여 묘책을 궁리하였다. 면봉을 들고 조심조심 새빨간 발레리나 푸샤의 꽃머리를 손바닥에 올려놓고 길죽한 화분을 살짝 찍어서 토마토암술에 인공수정을 시켜 주었다. 노란 별꽃은 계속하여 피어났다.

면봉은 하얀 백합화의 커다란 노란 화분을 찍어 나르고, 크리스마스 칵타스 삼겹꽃치마의 화분도 살살 비벼 주었다. 그리고 호기심 찬 눈을 반짝이며 요술봉이 지나간 자리를 주시하였다.

와! 별꽃 떨어진 자리에 수수알만 한 파란 토마토가 봉긋 솟았을 때 환희의 함성이 터졌다. 15개의 방울토마토가 주렁주렁 달려 있다. 백합토마토, 푸샤토마토, 칵타스토마토.

화초 토마토의 이름을 지어 주며 좋아하다가 문득 식물교배에 성공한 우장춘 박사가 생각났다. 씨없는 수박을 처음으로 한국에 수급하고 "종의 합성" 이론으로 유명한 우 박사의 기쁨은 어떠했을까 컴 검색을 해 보았다.

우장춘 박사.(1898-1959). 일본 이름 우 나가하루.

교토대학에서 농학박사 취득. 1949년 이승만 대통령은 한국의 절박한 식량문제 타개를 위해 우장춘 박사의 귀국을 추진. 9년간 한국의 육종학과 농업발전의 기틀을 다졌으며 식량의

우량종자개발과 보급에 힘썼다. 임종할 당시 '이모작 벼 연구'를 진행하고 있었으며 병상에서 국민훈장을 받았다.

1935년 '배추 속(Brassica) 식물에 관한 게놈분석'이라는 논문을 통해 종의 합성이론을 제시, 종(種)간 잡종과 종의 합성이 실제적으로 일어날 수 있다고 증명하였다. 이 이론은 종의 기원 내용 일부를 수정하게 한 세계적으로 유명한 연구였다. 그러나 우장춘 박사는 아버지 우범선의 을미사변 가담으로 많은 곤경에 처했던 듯하다. 그는 죽을 때까지 일본에 돌아가지 않았으며 끝까지 한국의 발전을 위해 열성을 기울였다.

포인세티아가 만발한 계절에 드디어 두 개의 열매를 추수하였다. 화초 토마토의 맛을 상상하면서 면봉 수정을 다시 반추하듯 음미하여 보았다.

우장춘 박사는 어쩌면 자신의 이름까지도 교접하여 다른 종으로 만들고 싶지는 않았을까. 우생학적 종의 개량처럼 인간의 진화가 가능할지 상념에 잠기게 하였다.

나의 이름을 지극히 평범한 '정숙'으로 지어주신 아버님이 한없이 고마워진다. 오늘 사군자를 가르치는 정산 님이 내 호를 하나 지어 주셨다. 초향(草香). 풀향기라고. 나에게 가장 잘 어울리는 이름이라며 자찬하신다.

성인의 외모는 자신에게 책임이 있다고 한다. 이름 또한 상대의 눈에 비친 나 자신일 것이다.

이름값을 하면서 살아라. 이름에 뿌리와 무게가 있다는 걸 처음 알았다.

코일 화병

흰 눈처럼 소복이

올 겨울들어 가장 추운 날씨라고 한다. 영하 20도, 체감온도 영하 30도의 맹추위다. 밤새 또 눈이 내려 드라이브웨이는 다시 깊은 눈에 하얗게 덮였다.

어제는 가족의 날 월요일, 그제는 발렌타인데이 주일, 토요일부터 3일간 황금 연휴였다. 백화점 관공서가 문을 닫고 우편물도 신문배달도 없는 공휴일은 심심하기 짝이 없었다. 매일 아침 몰 워킹부터 시작하던 일과가 리듬이 깨어지니 중심을 잃은 자전거마냥 비틀거렸다. 공연히 창문 앞을 오락가락 서성거리며 밖을 내다보았다. 눈은 두터웠다 얇았다 계속 내리고 있었다.

어느새 나갔었는지 남편이 새빨개진 얼굴로 퉁탕거리며 뛰어들어왔다. 드라이브웨이의 눈을 치웠으니 맥도널드에 가서 커피라도 마시자고 하였다. 기왕이면 함께 가려고 몇 친구들께 전화하니 모두가 미안하다는 답이었다. 애들이 왔다는 구실 속에 화락한 가족의 날 훈훈함이 풍겨 나와 섭섭함만 더해 주었다. 너희들만이라도 즐기라고 떠밀어보낸 애들 생각이 난다. 스키장에서 잘 놀고들 있겠지.

맥도널드는 의외로 자리가 꽉 차 있었다. 동료의식으로 활기찬 웃음소리가 시끌벅적하였다. 나는 유난히 추위를 탄다. 여름이면 조금만 더워도 '아유 ~ 더워' 냉방시설된 옥내만 찾다가 겨울이 미처 되기도 전 찬 바람만 조금 스치면 '추워-'가 노랫가락이 된다. 차에서 건물 안으로 들어가는 십여 미터의 거리를 종종걸음 치고 어깨는 잔뜩 움추려 든다. 겨울철 클리닉 검진에서 겹겹이 껴입은 웃옷을 벗다가 피하지방이 얇다고 놀림을 받기도 했다. 추위를 피하는 가장 좋은 방법은 아무데도 가지 않고 방안에 콕 박혀있는 것이라고 한다.

엊그제 연휴를 하릴없이 방에 콕 갇혀서 힘들었던 남편은 새벽부터 드라이브웨이의 눈을 치웠다. 눈이 더 오기 전에 얼른 나가서 몰 워킹부터 하자고 재촉하였다. 몰에 나가니 매일 만나는 걷기 친구들이 반갑다고 서로 손을 흔들며 인사를 한다. 공휴일을 잘 지냈느냐고 물으니 'Holiday's Lonely day(공휴일은 외로운 날이야)'라며 씩 웃었다.

주차장에 나오니 함박눈이 펑펑 쏟아지고 있었다. 공휴일이 지난 후유증이 서늘한 허탈감으로 몰려왔다. 외로운 날이라는 말이 뱅뱅 돌면서 아무도 찾아주지 않은 발렌타인데이가 슬픔으로 다가왔다.

"우편함 체크하고 들어가요." 잡념을 떨어버리려는 듯 우정 큰소리로 말했다. 그런데 우울함을 날려버린 것은 큰 목소리가 아니라 우편함 속에서 꺼낸 커다란 소포였다.

칼가리에 있는 후배 문우가 보낸 것이었다.

…보내주신 신앙수필집 감명깊게 읽었습니다…. …선배님 생각하면서 무릎덮개를 만들었습니다. 있는 실로 만들었더니 색의 조화가 웃기네요…

나도 모르게 눈물이 주루룩 흘렀다. 이런 선물을 받을 자격이 나에게 있는 것일까.

나를 생각하며 한바늘 한바늘 뜨게질한 무릎덮개. 내가 제일 좋아하는 색이 보라색인 줄은 어찌 알았을까. 감격 감동 감사로 온몸이 떨렸다.

폭설로 변한 흰 눈이 창문을 흔들었다. 까만 줄처럼 내리꽂히는 눈보라를 망연히 바라보다가 문득 깨달았다. 작가는 글로서 기억되어진다는 것을. 독자는 내 삶의 진솔한 내면을 전부 기억하고 있다는 사실을.

하얀 눈송이가 따뜻하게 느껴지기도 처음 있는 일이었다.

어머니 날 어머니 마음

5월 가정의 달은 어머니 날로 가득 찬 듯하다.

어머니에 대한 감사와 사랑이 글로 노래로 넘쳐서 온 세상이 신록처럼 풋풋하고 향기롭다.

빨간색과 하얀색 카네이션 꽃을 단 세상 모든 사람들이 적어도 이 날만은 어머니 품에 안긴 착한 아이로 돌아가는 듯 말과 행동이 부드럽고 따뜻하게도 느껴진다. 나도 하얀 카네이션 꽃을 가슴에 달고 어머니 감사해요. 사랑해요. 속삭여 본다.

40여 년 전에 돌아가신 나의 어머니는 영원한 시간의 한 시점에 머문 채 조금도 변함없는 그 모습으로 다가오신다. 그 시대의 사랑과 감사는 마음속에 품은 한 송이 빨간 카네이션 꽃일 수밖에 없었다. 그처럼 먼 거리 수륙만리에 엄마와 딸은 있었다. 불과 40여 년 전인데 미국과 한국간의 통신수단은 편지가 대중적이고 오히려 안전하였다. 태평양을 건너 어머니의 손에 내 편지가 도달하려면 빠르게는 20일, 아니면 한 달이 보통이었다. 또 그만큼의 시간을 꿈속에서까지 애를 태우며 기다려야 어머님의 사랑어린 답신과 격려를 받을 수 있었다. 어머님께 받은 마지막 편지엔 '여자의 일생은 자식 기른 표밖에는 남는 것이 없느니라. 부디 아이들 잘 키우고 송 서방 내조 잘 하다가 학위 마치면 속히 돌아오도록 하여라'고 하셨다. 이제 어머님의 세수를 훌쩍 넘은 삶의 길목에서 내 아이들 가슴에 달린 빨간 카네이션 꽃을 보며 지난 세월의 굴곡을 더듬어 보게 되었다.

미국 온 지 일 년 후, 내가 나가야 할 방향이 어디인지, 아니 그 보다는 내가 지금 딛고 선 곳이 탄탄한 대지인지 부스러지는 해변가 모래톱인지조차 가늠할 수 없이 벼랑 끝 절벽 같던 막막한 시절에 어머님이 돌아가셨다는 기별이 왔다. 무너져 내리는 낭떠러지 부슬 바위와 함께 곤두박질치는 참담한 슬픔이었다. 감정이 하나도 배어나지 않는 꼬부랑말로 사람들마다 위로하였다. 어머님과 즐거웠던 일만 기억하라고 하기도 하고, 함께 웃고 즐거워하고 유쾌하게 여행했던 기억들을 떠올리며 반추하라고 어깨를 쓸어주며 조언하는 이도 있었다. 그러나 어머님의 별세 소식을 듣는 순간 신기하게도 머릿속엔 지우개 바람이라도 지나가듯 즐거움이나 유쾌함이나 통틀어 웃음과 연결지어지는 감정은 일시에 자취를 감추어 버렸던 것이다. 생각나는 것이라곤 식모를 두고도 항상 두르고 다니시던 하얀 앞치마가 전부였다. 언제나 참빗으로 윤이 나게 빗어 은비녀로 쪽진 머리의 단아한 어머님 모습은 제대로 보이지 않고 영송대에서 팔을 내저으며 눈물범벅이 되셨던 마지막 모습만이 크게 떠올랐다. 이미 어머님은 그때 큰 병을 지니고 계셨던 것을 아무도 모르고 있었다. 의사 사위와 맏딸인 나에게 일평생 슬픔과 회한으로 남게 되었다.

해마다 어머니날 즈음에는 어머니를 그리는 글들을 많이 보게 된다. 대부분 어머니의 사랑을 그때는 미처 몰랐다는 후회와 얼마나 외로우셨을까, 좀 더 잘 보살펴 드리지 못한 마음의 응어리들을 토해낸다.

시어머님이 홀로 되셨을 때 아예 캐나다로 모셔왔다. 외아들이기도 하지만 가까이 계시면 그 같은 회한은 없으리라 생각하고 결정한 일이었다. 20여 년 세월, 시어머님은 넷이나 되는 손주들과 어울려서 별 불편 없이 편안하게 93세를 수하시고 돌아가셨다.

어머님이 오신 몇 해 후에 한국에서 시숙님이 방문오셨다. '어멈이 잘 해 주어 아주 편안히 지내고 있어. 내가 캐나다에 왔기 때문에 이렇게 건강하게 오래 사나 봐' 마음 흡족한 자랑을 하셨다.

오늘 어머니날을 맞으니 불현듯 시어머님 생각이 난다. 매일 아침 여섯 식구가 앞 다투어 빠져나간 빈 집에서 어머님은 무슨 생각을 하셨을까. 뒷마당 구석구석에 호박을 심고, 고추 토마토를 모종내고 물통을 들고 다니시던 어머님의 구부정한 뒷모습이 자꾸 떠오른다. 저녁에 돌아오면 어머님은 항상 앞뒤뜰 잔디에 앉아 잡초를 뽑고 계셨다. 뽑고 뽑아도 끈질기게 솟아나는 잡초들을 쥐어뜯으며 마음속 어떤 생각을 뿌리 채 뽑아내려 한 것은 아니었을까. 무언가 짚이는 듯 마음이 아려왔다.

집안은 어느 순간 전화벨이 뒤흔들어 놓을 적막감으로 두텁게 쌓여 냉장고소리만 낮게 깔려 있다. 가까이던 멀리 계시던 여전히 회한이 남는 어머님 생각을 하다가 문득 깨달아지는 것이 있었다. 잊고 있던 일이 번쩍 충전을 일으키듯 엄마가 된 바쁜 아이들 모습이 일시에 떠 오른 것이다. '엄마는 즐겁게 살았단다.' '너희들과 더불어 참 행복하게 살았어.' 나는 최근에 아빠와 둘이 찍은 사진을 찾아내어 네 아이들에게 이-메일로 보냈다. 생전 처음 입을 크게 벌리고 온 얼굴이 함박웃음뿐인 사진에 Happy Mother's Day라고 썼다.

어머님의 하얀 손수건

캐나다 한인교향악단이 마지막 고별 연주회를 하였다. 29년 긴 세월 동안 한인사회에 수준 높은 정서를 선도하여 온 교향악단이 재정난과 클래식 음악공연에 대한 관심 저하로 어려운 결정을 할 수밖에 없었다고 사정을 밝혔다. 마지막이라는 서운함에 겹쳐 일종의 죄의식마저 들게 해 허탈감을 달래기가 힘들었다.

…백년이 넘는 이민사를 가진 아일랜드나 이태리인들 등의 이민 초창기 자체 교향악단들 역시 현지사회에 적응되고 흡수 된 이후에는 활동을 접었던 역사와 마찬가지로 한인사회 또한 굳이 캐나다 한인교향악단이 존재하지 않아도 되는 성장을 했다는 끝맺음 말이 머릿속을 맴돌며 깊은 상념에 젖게 하였다. 조셉 하이든의 '고별'이 연주되고 단원들이 하나둘 자리를 뜰 때부터 눈자위가 아리기 시작하더니 마지막 무대 인사에서는 눈물을 감출 수가 없었다. 반백 년 한인사회에 이런 교향악단 하나 지원하고 유지할만 한 능력이 없을까.

오래 전, 캐나다 복합문화 성장관은 소수민족(Ethnic Group) 언어교육자연수회에서 이런 연설을 하였었다.

'…소수민족이라는 낱말은 없습니다. 여러분은 캐나다의 주인입니다. 정부는 각 민족의 고유문화를 유지 발전시키는 복합문화정책을 지원합니다…'

참석자들은 환호하며 박수갈채를 보냈었다. 흔히 말하기를 미국은 융화정책(Melting Pot Policy)의 나라라고 한다. 어느 민족이던 일단 미국 땅에 이주해 오면 미국이라는 거대한 용광로에서 완전히 용해되어 한 형태의 미국 문화인이 되게 하는 정책이라는 것이다. 그러나 캐나다의 복합문화정책은 각 민족의 고유문화를 계승하고 발전시켜 민족 간의 상호교류를 하며 아름다운 모자익(Mosaic) 문화를 형성하도록 장려하는 것이다. 인본주의적이며 모든 민족을 평등하게 대우하는 민주적인 정책이라 환영하지만 실제적으로 이 정책은 여러 민족 간의 뜨거운 경쟁의식을 유발하였다. 다민족사회에서 각 민족마다 민족적 우월성을 나타내려고 열중하기 때문이었다. 더구나 문화적으로 우월하다고 군림하는 상위 몇 퍼센트와의 인종차별은 실생활 저변에 널리 퍼져 있어 때가 묻은 색유리처럼 불쾌감마저 들게 하였다. 경쟁률이 높은 대학이나 학과의 신입생 전형에서 유색인의 입학을 몇 퍼센트 이내로 제한한다거나, 성적이 아무리 월등해도 영어로 이행되는 사회활동 경험 실적의 반영은 암암리에 공인된 묵계였다. 특히 미주사회에서 중요한 추천제도는 인터뷰에서 출신과 배경을 주시한다. 오늘날 대학이나 여러 공공기관의 시험문제를 한국어로 출제하고 점수를 가산할 수 있게 한 공로는 순전히 이민 선배들의 각고의 노력이 가져온 결과이다. 징검다리를 놓아주고 튼튼한 선배의 배수진을 쳐주며, 추천의 근거를 만들어 주기 위한 희생의 대가라고 생각된다. 캐나다정부에 고유문화를 유지하고 발전시킬 수 있는 법적인 근거가 마련되어 있는 한 우리는 이를 현명하게 활용하여야 할 것이다. 이민 초기의 어려운 때로부터 애국의 선각자들은 고유문화의 우월성을 지키기 위해, 우리글과 말과, 노래와 춤, 아름다운 전통을 가르치는데 열성을 기울여 온 것이다.

이제는 여러 분야에 두각을 나타내는 한인들도 많고 한인단체도 7, 80개가 된다고 한다. 문화민족임을 웅변으로 말해 주는 단체로는 문학과 음악(한인교향악단, 합창단), 미술 등의 예술단체가 아닐까 생각된다. 캐나다 한인문인협회에서는 작품의 영문 번역집을 여러 권 출판하였다. 재정문제, 번역의 어려움이 뒤따르는 데다 영문 독서 인구가 얼마나 되겠느냐는 무용론까지 대두했었으나 영문 작품집은 우리 세대에만 국한

된 것이 아니라 캐나다 사회에 한국문학이 있음을 알리는 데도 목적이 있다. 비록 서툴더라도 먼 훗날의 역사적 자취를 위해서 남기는 타임캡슐인 것이다. 한인교향악단이 캐나다 사회에 적응 흡수되어 사라지지 않고 오래도록 지속할 수 있도록 하는 것은 우리 한인사회 전체의 의무이자 후세에 전해주는 큰 선물이라고 생각된다. 우수한 문화민족의 주체성을 가지고 당당하게 살아갈 수 있는 든든한 울타리가 되기 위해서… 다시 소생할 수 없을까.

안경알에 떨어진 물방울에 한 영상이 아른거린다. 반세기 전 도미하던 김포공항 환송대에서 떠나는 비행기를 향해 맹렬하게 흔들어 대시던 어머님의 하얀 손수건. 잘 가라는 것인지… 이리 돌아오라는 것인지…

원시인과 공존하는 이상향

지구상에 나타난 근대인, 완전히 진화가 이루어져서 현대인처럼 생활하는 기본 조건을 갖춘 시기부터 인류의 보편적 이상향(Utopia)이란 무엇이었을까 상상해 본다.

토마스 모어가 묘사한 이상향(1516년 저)은 이상적 정치체제와 공상적인 사회개량 계획을 담고 있는 공상의 섬이었다. 편리함과 평안과 즐거움과 행복의 총체적 융합이었을 것으로 짐작된다. 하지만 원어 유토피아는 '아무 데도 없는 곳'이라는 뜻풀이라고 한다.

지금은 백세 인생이 상식에 속하는 풍조이지만 그 백 년의 초기 세대는 평균 수명이 40, 50세였고 8, 9세 소년과 12, 13세 소녀가 시집 장가갔다는 엄숙한 역사도 흔하게 따라 붙는다.

즐거움, 행복의 의미와 성향 또한 여러 껍질을 벗고 탈바꿈을 했겠지만 뒤돌아보면 큰 의문에 휩싸이게도 한다. 아홉 살 동갑내기 단테와 비아트리체가 인생의 올바른 길을 찾아 구층 지옥과 연옥을 헤매고 다니는 '신곡'을 읽고서부터 더욱 인생길의 최종 이상향에 대해서 깊은 상념에 젖어들곤 하였다. 이상향이란 인류가 이루며 도달하는 개척자의 종착지인가. 그 섬을 찾아가는 고난의 행로, 인생길을 말함인가 하는 것이다.

학구의 열정으로 조국을 떠나 유학이나 이민을 한 선구자들은 다분히 개척하여 이룩한다는 신념으로 인생길을 걸어왔다. 더욱 발달된 문명과 기술, 지식을 습득하여 보다 나은 문화생활을 영위하는 것으로 단축 해석할 수도 있을 것이다. 그 시기에 가장 놀라운 지식, 기술의 발달이라면 단연코 전자계통이랄 수 있을 것이다. 시간, 거리, 공간의 개념이 점 하나 손가락 하나로 통제되는 시대가 도래한 것이다. 더 나은 학문탐구를 위해 뒤로 한 조국, 더구나 여러 어려운 관문을 거치고 선별되어 떠나온 고국에서 내가 덜 유식한 사람의 대접을 받은 것이 바로 그 전자과학의 이기 때문이었다.

'포켓에 쏙 들어가는 셀폰 하나면 될 텐데…' 가 시작이었다. 모형이 구식이라고 단군시대 사람이라더니 혜성처럼 나타난 스마트폰이 용트림을 하면서 우리를 완전히 미개인의 나락으로 떨어지게 하였다. 사진 찍고 전화하고 이메일 보내고 게임도, 음악회도 영화도… 그 조그만 납작 통에서 자유자재로 이루어졌다.

이번에 국내 회의에 참석하면서 적어도 원시인의 오명만은 벗어야겠다는 생각으로 스마트폰과 좀 더 큰 ipad로 준비를 단단히 하였다. 그런데 마중 나오기로 한 분이 돌발사정이 생겨 반 시간이나 늦게 되었다. 스마트폰은 먹통이었다. 와이파이가 연결이 되지 않아 불통인 것이었다. 어두운 밤, 낯선 거리, 어디 가서 와이파이 서비스를 받을 수 있을 것인가.

완전 무용지물이 되어 오히려 맥 빠진 우리보다 더 힘이 없었다. 후에 보니 공공기관에서도 특정지역에서만 연결이 가능하고 심지어 큰 호텔에서는 로비와 객실의 와이파이 연결선이 달랐다. 정보보호차원의 엄중한 처사였다.

그 사이 사무실로 친구들의 전화 메세지가 쌓여왔다. 고등학교, 대학 동문들이 나를 위하여 특별모임을 주선하고 전화연락을 여러 번 하였는데 회답할 도리가 없었다. 지도 안내가 없이 어렵사리 모임 장소에 나가니 댓바람에 친구가 쏘아댔다. '여긴 유치원 애들도 다 셀폰 가지고 있어. 잠시만 빌려달라면 누구나 다 쓰라고 할 텐데… 캐나다에서 온 촌사람이네 정말' 하였다. 한 점잖은 숙녀가 '어디에 거실 건데요?' 눈을 치뜨며 반문한 걸 그 친구가 알 턱이 없다. 이런 때 삶의 즐거움이란 편리한 기기를 발명한 몇 사람, 그것을 자유자재로 운용할 수 있는 사람들만의 전용물인 듯 보였다.

그런데도 지극히 평범한 나는 친구들이 좋고 고국을 찾는 일이 즐겁다. 편리와는 전혀 상관이 없던 그 옛날, 전화나 무선 전선이 없던 그 시기에도 만물의 영장들은 시간을 늘려가며 소식을 전하고 서로 교류하며 사랑을 나누며 함께 모여 기쁘고 즐겁게 살았다.

속도는 달라도 삼라만상은 제각기 원시의 원점에서 출발한다는 진리에 생각이 미치자 새로운 깨달음이 뇌리에 휘감긴다. 원시인과 이상향은 양면을 가진 인간의 심상일 뿐인 것이다. 그러기에 아무데도 없는 곳이라는 이상향은 또한 아무데나 있다는 반증이 아니겠는가.

덜 편리한 원시인과 공존하는 이 세상. 내 마음속이 실존하는 참 이상향이라 여겨진다.

5부

영원한 희극

옷이 날개

옹기 항아리

원시인과 Galaxy Note Ⅲ

일송정 푸른 소나무

캐나다에 번창하는 무궁화

컴퓨터 키보드

누가 답을 알랴

통일의 날에 부르고 싶은 교가

호랑이부터 그리라

유리 국수

Andalusian Pilgrim

Discovery of reality and existence, miracles

영원한 희극

능소화가 피었다. '신곡' 책장을 덮으면서 맥이 풀리던 시야에 번쩍 불이 지폈다. 베아트리체를 만난 단테는 그 순간부터 줄곧 사랑이 그의 영혼을 지배하였다고 고백한다. 능소화를 처음 만난 나는 주술에라도 걸린 듯 그 꽃을 찾아다녔다.

40여 년간 살던 '런던'을 떠나 장미와 포도주의 도시라는 이곳 '폰 힐'로 이사하면서 집을 확 줄여 타운하우스로 오게 되었다. 집 앞에 서 있는 커다란 단풍나무 잎이 노랗게 물들어 하나 둘 떨어지는 계절이어서 그나마 작은 뜰에 무엇이 있는지는 알아 볼 겨를이 없었다. 다음 해 이른 봄, 여기저기서 불쑥 불쑥 솟아나는 꽃들에 환성을 멈출 수 없었다. 마치 계절의 요정이 꽃 지팡이를 마음껏 휘두르기라도 한 듯 집은 온통 꽃으로 둘러싸였다.

옆집과의 낮은 나무 담장에 이름 모를 넝쿨 잎이 왕성하게 뻗어갔다. 꽃봉오리가 뭉치로 길게 붕긋하더니 탁 탁 터지면서 나팔모양의 현란한 노랑꽃이 피었다. 이게 바로 양반 꽃

'능소화' 라는 걸 처음 알았다. 황금나팔을 불어제치며 잠자는 영혼들을 모조리 흔들어 깨우듯 황금 등들은 선 눈이 아릴만치 부시고 강렬하였다. 가슴속 깊이 묻힌 불씨에 새 불이 지피기라도 하였는지 열기를 뿜어대는 그 꽃을 찾아 바람을 가르며 따라가 사진에 담았다.

능소화는 학명으로 캠프시스 그랜디플로라(Campsis grandiflora), 흔히 차이니스 트럼펫 크리퍼(Chinese trumpet creeper)라 한다. 중국 원산으로 양반 꽃이라는 이름 외에 황금 등나무, 금등화라 불리기도 한다. 담쟁이덩굴처럼 줄기의 마디에 생기는 흡반(빨판)을 건물 벽이나 다른 나무에 붙여가며 타고 오른다. 빨강과 노랑꽃이 주종이나 꽃모양은 여러 종류이다. 꽃은 작지만 색은 더 붉고 늘어지지 않는 미국 능소화(Campsis radicans seen)가 있지만 키만 껑청한 서양여자처럼 뻣뻣하고 나긋이 감기는 부드러움이 덜하다. 옛날에 선비가 장원급제하면 임금이 어사화를 내렸는데 이 어사화가 능소화라고 한다. 양반집에서만 키울 수 있는 품위 있는 꽃으로 이를 어기면 곤장을 맞았다고 한다. 높은 데로만 오르면서 자만과 자랑이 한껏 명예로운 꽃말이 되었다.

능소화는 슬픈 전설이 더 진실처럼 마음을 울리는 꽃이다. 다시 찾아주길 간절히 바라는 임금님의 발걸음 소리를 들으려 꽃잎을 넓게 펴 귀를 세우고 더 멀리 보려고 높이 타고 기어 올라간다는 궁녀 '소화'의 이야기는 가슴 밑바닥에 질펀한 아픔을 깔게 한다. 하지만 오늘날의 능소화는 목장 울타리, 한적한 시골길, 평범한 주택 정원 가리지 않고 오르고 넝쿨져 만발한다. 발붙일 곳만 잡히면 대상이 무엇이든 아랑곳하지 않는다.

'위험하니 물러가라'거나, '안전준수' 등 안내판을 무시하고 높은 전봇대에 기를 쓰고 올라간 꽃들은 공격적이고 이기적이고 독선적 모습이었다. 베아트리체를 찾아 지상천국으로 향한 여정에서 9층 지옥을 헤매는 단테가 연상되었다. 능소화란 한자풀이를 보면 업신여길 능, 하늘 소, 꽃 화, 즉 '하늘을 업신여긴 꽃'이라는 뜻이다.

형형색색의 활옷을 입고 너울너울 춤을 추는 무녀처럼 능소화는 그렇게 나를 끌고 다녔다. 희한한 것은 빨판으로 상처를 입은 어떤 것도 불평함이 없이 오히려 반기고 발을 받쳐 주며 어깨 위로 올려주는 것이었다. 슬픔은 슬픔으로 치유된다는 실증을 여실히 드러내고 있었다.

석양빛에 붉게 물든 언덕에 능소화가 보이기에 자동적으로 고개가 돌아갔다. 교회 주차장 모퉁이에 전봇대를 감고 올라간 꽃나무가 한여름의 열기에 나른하게 서 있었다. 습관적으로 카메라 렌즈를 맞추다가 그만 웃고 말았다. 'Church Parking Only' (교회 전용 주차장) 안내판을 타고 꼭대기까지 촘촘히 감고 올라간 꽃들이 어처구니없었다. 무법자들이 나무 위에서 내려다보며 조롱하는 듯 밉상이더니 한편 교회 안까지 찾아 헤매는 사랑의 간절함이 애처로워졌다. 십자가를 스친 노을에 얼굴 붉힌 빨간 능소화는 막중한 짐 전부 내려놓고 사랑을 묵상하는 겸손이 해 무리처럼 둘러 있었다.

누가 이 꽃을 능소화라 이름 지었을까. 하늘을 꿈꾸는 꽃, 몽(夢)소화라 부르리라.

인생길의 한중간에서 올바른 길을 잃고 숲속을 헤매었다는 단테의 명작 '신곡'(La Devina Commedia)의 원제는 희극(Commedia)이었다. 전력투구할 목표만 있다면 인생은 내용이 즐거운 영원한 희극일 텐데… 순간 하늘을 알지 못하는 전력투구는 할수록 어릿광대짓에 불과하다는 진리가 번개처럼 뇌리를 쳤다. 신곡의 깊은 뜻을 이제사 깨달았다.

옷이 날개

벌써 옷 가게에는 화사한 봄옷들이 걸려 있다. 성급한 가게에는 비키니 수영복까지 걸어놓고 손님들의 눈길을 끈다. 매일 아침 걷기운동을 하는 상가건물 안에는 옷가게가 많다. 발은 열심히 걷지만 눈은 울긋불긋한 옷들을 들여다 보면서 그 옷을 입은 사람들을 그려보노라면 때로는 내가 그 주인공이 되어 시간의 경계 없이 상상의 나래를 퍼덕이게 된다.

해마다 철이 바뀌면 새옷 한 벌은 장만하느라 양장점을 드나들던 때도 있었건만 옷 사기를 그만둔 지도 오래된다. 얼마 전까지만해도 어린애들의 옷을 사려고 아동복가게를 누비고 다녔는데 그것도 그만두었다. 또래들끼리 어울리는 옷의 취향을 알 수 없어 차라리 직접 고르라고 밀어버린 것이다. 걸려 있는 옷들에서 금년의 주류색은 보라색이구나, 디자인은 목이 많이 파지고, 치마길이는 무릎까지… 등 옷에서 계절을 느끼고 복식의 변화와 경제지수를 넘볼 수 있어 흥미롭다. 더구나 시대적인 취향까지 어리짐작으로 터득하여 유행의 흐름에서 뒤처지지 않는 연결고리가 그 속에 감추어져 있는 듯 주의 깊게 관찰하는 것이다.

성경엔 아담과 이브가 선악과를 따먹고 눈이 밝아져 자기들이 벗은 줄을 알고 무화과나무 잎을 엮어 치마로 삼았다고 쓰여 있다. 처음 사람이 옷을 입게 된 유래는 벗은 것이 부끄러워 가리기 위하여 옷을 입었다는 기록이다. 사람이 지혜로워진다는 것은 부끄러운 것을 아는 것이 그 시초라는 뜻도 이 속엔 내포되어 있다.

나뭇잎으로 엮은 치마에서 시작된 인류의 옷은 변화와 발전을 거듭하여 동식물은 물론 화학섬유의 개발까지 이르고 다양한 디자인과 다용도적인 데다 색상마저 가지각색의 가리개가 되었다. 부끄러워 가려야 할 부분이 몸의 한 부분인 치마자리뿐일까 생각해 본다.

조선 중기의 청백리인 문신 장응일(1599-1676)이 임금께 올린 진언에 이런 것이 있다. '백성의 자식은 나이 열 살이 되도록 아랫도리를 감출 베 한 조각이 없어 오줌대롱을 내놓은 벌거숭이로 살아가는데 양반들은 비단옷을 입고 사치가 늘어가니 국법으로 비단 옷 입는 것을 엄히 다스리소서.'

저기 걸린 비키니수영복을 보면 어찌 반응할지 웃음이 절로 난다. 옷의 유행은 몇 십 년을 주기로 돌고 돈다고 한다. 나팔

바지가 땅을 비질하고 다니던지 혹은 온몸에 착 달라붙는 쫄쫄이바지던지, 어깨에 패드를 넣어 부풀린다거나 치마폭을 몇 겹으로 하는 등 유행의 흐름은 기호(嗜好)에 따라 정기적으로 바뀐다고 한다. 그 사이 발명되는 의복섬유와 염료 등이 이런 변화에 조금씩 영향을 미친다고 한다. 옷은 자연적 문화적 환경에 영향을 많이 받지만 사용되는 재료와 색상으로 계급을 표시하고 특정한 옷은 신분을 나타내기도 한다. 교복이나 유니폼 등이 이에 속하는 경우일 것이다. 사관생도의 교복에 매료되어 첫눈에 사랑에 빠진 '안나 카레니나'를 읽었던 기억이 아직도 새롭다.

세계에서 가장 질이 좋은 알파카와 라마모를 생산하는 페루 안데스산맥 원주민은 그 털로 오직 추장들의 옷만 만들 수 있었다. 나뭇잎이나 꽃 바위 돌 등에서 물감을 채취하던 시대에 해안의 작은 벌레에서 인디고 물감을 발견해 낸 영국에선 왕실에서만 이 색상의 옷을 입을 수 있었다. 태국 승려들은 오렌지색 승복만 입고, 중국의 승려는 빨강색 승복만 입는다. 중국왕실의 색은 황금색이다. 빨강색은 나쁜 귀신을 쫓는다는 의미에서, 황금색은 재물과 권위를 나타낸다고 믿었다. 그런가 하면, 뉴욕처럼 고층건물이 많은 도시에서는 회색과 검정색, 알프스나 스위스의 산간마을엔 파랑, 빨강 등 원색의 조화를 추구하는 색상의 옷을 많이 입는다는 것이 학술적인 통례이다. 우리 민족을 백의민족이라 일컫는 유래를 살펴보면 계속하여 국상을 당하게 된 백성들의 상복이 전통으로 토착된 것이라는 일설도 있다. 각 학교마다 고유색이 있고 제복에도 각각의 색이 있다. 지난 생애 동안 내가 입었던 옷들과 기호색들을 떠 올려본다. 중학교에 입학하고서 처음으로 교복을 입었다. 검정색과 흰색뿐이던 시절의 그 교복은 소녀의 부푼 꿈을 보호해 주는 울타리의 역할을 하였다. 학교의 명예를 항상 둘러치고 다니던 교복은 또한 삶의 여정에서 내가 걸어야 할 길의 방향을 지시해 주는 지휘봉이었다. 대학교 교복을 입었을 때 미적 감각과는 한참 거리가 멀다고 서로 바라보며 웃었지만 그 옷은 성취감에 들뜨지 않도록 지성과 감성의 둘레에 더 단단한 울타리를 쳐 주었다. 의욕과 실행 사이의 넓은 틈새를 메우는 온갖 지혜를 그 교복을 입고서 터득하였다. 그 후로는 햇병아리 선생님으로, 영양사로 옷을 갈아입었다. 내 신분에 빛깔을 더해 주는 사회인의 옷으로, 아내로서 며느리로서 그리고 엄마로서 선 위치에 걸맞는 옷을 갈아입으며 분주하게 살았다.

미국에 와서 처음 맞은 성탄절에 한국에 있는 동생들께 선물을 보내려고 백화점에 갔었다. 팔 다리 치수가 한 배 반은

됨직한 옷들 앞에서 기가 콱 막혔었다. 그 후로 미제 옷 사기는 단념하였다. 털실을 사서 스웨터를 짜고, 옷감과 바느질 본을 떠서 재봉틀을 돌렸다. 삐뚤삐뚤하게 박아져서 뜯기도 여러 번 하고 재봉틀바늘에 손톱을 찍히기도 하였지만 250불짜리 싱어(Singer)재봉틀은 꽤 오래 동안 경제적 도움 위에 나만의 옷을 입는 즐거움을 몇 배로 얹어준 재산목록 일호였다.

지금은 유행의 통일시대인 듯하다. 계절의 구분이나 지역적 특색도 없이 지구상 어디서나 같은 계열의 유행 옷을 입을 수 있고 치수도 세분하여 턱없이 길거나 큰 옷들은 없을 정도다. 옷을 사야 될 일은 많이 줄었지만 남들이 입은 옷차림은 여전히 재미있게 관찰한다. 배색이나 디자인이 조화된 옷을 잘 차려 입어 인품이 크게 돋보이는 사람을 만나면 역시 '옷이 날개'로구나 감탄한다.

옷이란 가리개일 뿐 아니라 사람의 내면을 반사해 주는 좋은 거울이며 교양과 학식의 잣대가 된다는 것을 새롭게 깨닫는다. 이제는 내 부끄러운 것 숨기지만 말고 안으로 밖으로 깨끗하고 아름다운 옷차림을 하고 싶다. 날개가 옷이 되어 날갯짓을 하는 창공을 그려본다.

옹기 항아리

꼬리에 ㅎㅎㅎ가 달린 이 메일을 받았다. 눈물이 나도록 웃은 것은 내용이 우스워서 만이 아니었다. 농담과는 한참 거리가 먼 조용하고 신중한 성품의 전형적인 선비 교수다. '언제쯤 웃을까요?' 오히려 좌중을 썰렁하게 만들던 그의 변신 때문이다.

어느 멍청한 사람이 옹기점엘 갔다. 항아리를 이리저리 만지면서 하는 말. '무슨 항아리가 주둥이가 없지?' 번쩍 들어보더니 '어라! 밑도 빠졌네.'

웃기는 이야기에는 농담, 만담, 재담 등이 있다. 농담은 실없이 하는 장난의 말, 만담과 재담은 재치 있는 우스운 말로써 세상과 인정을 비판하고 풍자하는 이야기라고 뜻풀이가 되어 있다. 농담보다는 만담이나 재담을 더 즐기지만 실없이 하는 말 속에도 진리가 있듯 실컷 웃고 난 뒤 마음 밑바닥에 남는 여운이나 뇌리를 떠나지 않는 교훈은 웃음 뒤에 맺히는 눈물처럼 아릿하다.

지난 여름 미국 학회 참석 후 귀국하던 그가 일부러 캐나다로 둘러가면서 우리와 함께 며칠간을 지냈다. 그때 이층 난간벽 위에 줄지어 늘어선 내 작품 항아리들을 보고 지난 이야기를 벌렸었다. 육신적 심리적으로 어려운 시기를 보낸 그에게도 내가 만든 항아리는 마음에 닿는 촉감이 촉촉했던 듯하다. 웃기려고 보낸 메일이 눈시울을 붉힌다.

항아리. 진흙먼지 자욱한 도예작업실이 어제인 듯 떠오른다. 생경한 땅에 뿌리 내리기를 하느라 한창 이마받이를 하던 한때, 가누지 못 할 묵중한 피곤에 시달리면서도 반비례로 불어나는 텅 빈 허탈감에 허우적거렸다. 아무것도 할 수 없다는 자괴감이 밤잠을 이루지 못하게 괴롭히는 것이었다. 녹 슬은 지성과 무디어진 감성으로 무엇을 할 수 있을까? 시간의 절도마저 정함이 없이 아이들의 일과표 주위를 맴돌아야 하는 일상에서 헤어날 길이 없었다. 규칙적인 시간생활에 얼마나 적응할 수 있을지 굴레에서 일탈하려는 시도가 가장 쉽다고 생각된 아트코스(Art Course)였다. 그러나 언어의 장벽, 표현력의 시각 차이는 핵심접근조차 가늠하기 힘들게 했다. 마치 엎어놓은 항아리를 더듬듯 주둥이는 절벽이었다.

붉은 벽돌짝만 한 진흙덩어리는 만지기 쉽게 물을 살짝 바르며 힘껏 눌러 반죽을 해야 한다. 물이 조금 많으면 반죽이 늘어지고 그렇다고 적으면 너무 단단해서 형상을 만들 수가 없다. 적당히 차지고 부드러워질 때까지 수없이 메치며 밀어야 되는 것이 기본 작업이다. 반죽하는 가장 큰 목적은 진흙의 입자 사이에 공기주머니가 생기지 않도록 제거하는 데 있다. 따라서 반죽을 일단 시작하면 중간에 멈출 수가 없고 다른 생각을 할 여념이 없이 열중하게 된다. 공기포말과 함께 내 속에 포진한 불만과 상실이 전부 빠질 때까지 어깨와 허리 팔이 뻐근하도록 적토와 백토덩어리를 반죽하며 생각과 느낌을 한데 빚어내었다. 화씨 600도 이상의 초벌구이를 거치면서 자칫 하면 깨지고 모양이 일그러진다. 세심하게 칠한 유약은 가마의 온도에 따라 엉뚱한 색깔이 나오기 일쑤다. 희비와 좌절의 굴곡을 넘나들며 혼신의 힘을 다해 빚어낸 작품들은 시간의 흐름을 따라 흙덩어리에서 형상이 되어 늘어갔다.

돌이켜보면 지난 일생은 인생 항아리를 빚으며 꿈과 이상과 온 정력을 채워 넣은 외곬의 삶이었던 듯하다. 이제는 무엇을 집어넣었는지 자신도 아스라한 항아리를 새삼스럽게 바라본다. 채워 넣기에만 바쁘고 꺼내 주는 덴 인색한 메마른 마음밭은 아니었는지. 심지어 주둥이를 봉해버린 단절의 삶은 아니었을까. 회한에 잠겨든다.

육이오 동란 때 가평지역 전투에서 악전고투한 캐나다군은 전쟁이 끝나고 귀국할 때 가평지역 흙으로 빚은 항아리에 자갈을 담아가지고 왔다 한다. 그 항아리에는 캐나다 젊은이들이 그들이 전혀 알지도 못하였든 한국이라는 작은 나라의 민주주의를 지켜주고 공산화를 막기 위해 목숨을 바친 인류애가 포개어져 있을 것이다. 내 항아리엔 후세대들의 이상과 꿈을 실행할 수 있는 터전을 위해 수없는 포기와 난관을 극복해온 편린들로 엉겨있을 것이라 믿어진다. 열심히 다듬어 밀어넣은 삶의 열매들도 가득 차 있을 것이다.

ㅎㅎㅎ… 글자 따라 전해오는 그의 웃음소리를 듣는다. 내 항아리 속에서도 투박하고 훈훈한 공명이 일어난다. 이제는 항아리를 비워야 하는 때가 아닐까. 손을 깊이 넣어 하나씩 꺼내 웃음 섞어 나누고 싶어진다. 눈물 뒤의 웃음으로…

원시인과 Galaxy NoteⅢ

토론토 지역에 폭설과 얼음비가 태풍으로 몰아쳐 인명재해가 막심하다고 한다. 공항에 묶인 여객들이 타일바닥에서 웅크리고 새우잠을 자는가 하면 전기가 끊어져 추위에 떨고, 많은 노인들이 감기, 폐렴 등 건강에 큰 위협을 받으며 고생한다는 신문 뉴스다. 문명의 이기가 자연의 위력 앞에 완전히 무력해지는 원시적 상태가 벌써 며칠째 이어지고 있다.

홍수, 산불, 태풍으로 몸살을 하는 지구 곳곳의 열병을 훑어보다가 흥미로운 기사 하나가 띄었다. 제2차 세계대전을 끝내는 데 크게 기여한 영국의 암호 해독가 '앨런 튜링'이 사후 59년 만에 사면되었다는 기사이다. 그는 독일군의 암호(에니그마)를 해독하여 전쟁을 종식시키고 수천 명의 인명 피해를 줄일 수 있었을 뿐 아니라 1936년에 발표한 논문에서 이미 컴퓨터의 개념적 기초를 확립해 컴퓨터 과학과 인공지능(A1)의 창시자로 불리는 비운의 천재였다. 얼핏 아무 상관이 없을 것 같은 이 두 기사가 소용돌이치면서 내 머리 속에 하나의 공통

화두를 던져 주었다.

겨울도 아니고 봄도 아닌 어중간하고 음산한 날씨가 눈보라마저 대동하고 오락가락하던 지난 3월 말경 버펄로에서 디트로이트를 경유하는 항공노선으로 LA를 가게 되었다. 아침 9시에 버펄로 발 디트로이트 도착의 비행기는 뉴 요크 지역의 눈사태로 1시간 30분 만에 간신히 항공료 변제의 위기를 모면하고 연착되었다. LA행 환승터미널까지의 시간 여유는 단 20분, 숨이 턱에 차도록 달렸지만 이미 비행기는 슬금슬금 뒷걸음질을 치는 중이었다. 부산스런 소동 끝에 결국 2시간 후 시카고 경유 LA 도착의 비행기를 타게 되었다. 공항에 마중 나온 분들께는 비행기 연착으로 예정보다 2시간이나 늦게 도착되는 사정을 항공사에서 안내해 주리라 막연히 기대하는 수밖에 없었다.

저녁 7시의 LA공항은 벌써 캄캄하니 어두워지고 찬 바닷바람에 온몸이 덜덜 떨렸다. 마중 나온 분은 아무데도 없었다. 항공사측의 해명은 디트로이트 발 LA착 비행기는 정시에 도착되었고 우리는 단지 그 비행기를 놓쳤을 뿐이니 연착 안내를 할 필요가 없었다는 것이다.

문제는 여기서부터 튀어나오기 시작했다. 그분의 전화, 주소, 아무것도 가지고 오지 않았던 것이다. 전에 언뜻 '세풀베다'

'봔 누이'의 지명을 들은 듯해 전화번호부를 부탁했더니 어른 손 한 뼘 높이만큼 두꺼운 책을 네 권이나 내주었다. 북부, 동부, 남부, 서부… 기가 막혔다. 낯선 공항에서 오갈 데 없는 미아가 된 듯 참담한 기분마저 들었다. 길다란 쇠파이프로 만든 의자에 털썩 주저앉아 건너편 건물을 멍하니 바라보았다. 벌써 오래 전에 퇴근한 듯 텅 빈 사무실엔 밝은 형광등만이 잘 정돈된 책상들을 환하게 비쳐주고 있었다. 한낮엔 전화 받으며 타이핑하며 분주하였을 사무실내 전경을 그려보다가 번쩍 머리를 치는 것이 있었다.

천우신조로 연락이 닿은 친구(의사)가 놀란 눈을 크게 뜨고 달려왔을 때 무조건 인터넷을 자유로이 쓸 수 있는 호텔로 데려다 달라고 했다. 그분과의 연락은 이메일로 전파를 타고 신속하게 교류되었다. '납작하니 주머니에 쏙 들어가는 iphone 하나만 넣고 다니시면 될 걸.' 둘러앉은 표정들에서 미개한 원시인의 나락으로 곤두박질치는 내 자화상을 읽었다. 비록 냉장고라 놀림을 받긴 해도 뚜껑 달린 셀폰과 한글워드의 컴퓨터, 그리고 캐논 카메라를 전 재산으로 그간 작은 글들을 써서 불편 없이 지면에 발표하여 왔다.

지난 4, 5년 사이에 상상할 수 없을 정도로 발달한 iPhone, iPad소식을 낱낱이 들으면서도 짐짓 단순하게 사는 오기를 부릴 수 있었다. 여름에 뉴올리언스, 온두라스 여행을 하면서 처음 접하는 남미 대륙의 신비한 자연과 문화역사 전통 등 사진도 많이 찍고 메모도 많이 하였다. 돌아와 차일피일 미루다 정리를 하려니 '이게 뭐더라?' 연결이 쉽지 않았다.

지난 11월엔 시애틀에서 열린 미주여성대회에 참가했다. 펜 가지고 노트하는 사람은 보이지 않았다. 강연은 녹음하고 영상은 I-phon에 담고, 분과별 토론도 영상진행이었다. 토의 내용은 다음날 즉각 영상으로 발표되었다. 내 머리의 짧아진 메모리 시간, 재던 어깨가 스스로 접어지는 순간이었다. '삼성 Galaxy NoteⅢ 대세일' 광고에 이곳저곳 달려갔다. 하지만 보기만 하고 돌아서는 마음. 새해엔 원시인의 오명을 벗고 싶다.

일송정 푸른 소나무

국경주변이라서 그런지 도문까지 가는 길은 돌짝으로 울퉁불퉁한 흙먼지 길이었다. 가끔씩 집 몇 채가 옹기종기 이마를 마주 댄 농가들이 나타났는데 중국인 동네와 조선족 동네는 확연히 구분되었다. 중국인들은 우중충한 흙벽집인데 비해 조선족들은 하얗게 칠한 깨끗한 집을 짓고 살았다. 벌써 백의민족의 올곧은 민족성이 집에서부터 나타났다.

내 나라 북한 땅을 중국에서 바라보아야만 되는 분단조국의 현실이 털털거리는 버스보다 더 심하게 마음을 흔들어대었다. 압록강을 사이에 둔 이곳의 조선족은 거의가 함경도 사람이고 독립운동가의 후손들이라고 생각하면 틀림이 없다고 한다. 메마른 들판을 구불구불 돌 때마다 흔하게 만나는 나지막한 무덤들은 이름 없는 독립군들의 무덤이라고 설명하는 안내인의 얼굴이 점점 홍조를 띄워 갔다. 지금도 이처럼 황량한데 70여 년 전 혹한의 추운 겨울에 독립운동가들은 얼마나 지치고 허허했을까.

멀리 안내인이 가리키는 손가락 끝에 초라한 일송정과 그 옆에 구부러진 푸른 소나무 한 그루가 쓸쓸하게 눈에 들어왔다. 그 옛날 이 땅에서 자행된 온갖 야만적인 일본군의 만행과 조국의 광복을 위해 온몸 바쳐 항쟁하던 독립군들의 뼈아픈 참상을 잘 알고 있을 것이다. 말을 할 줄 몰라 목석이지만 사람도 때로는 너무나 큰 충격에 말문이 막히고 숨까지 멎는 때가 있다. 하얼빈 '마루타' 부대 방문은 충격이었다.

마루타 부대(731부대)는 일본제국 육군관동군소속의 비밀 생물학전연구 및 개발기관으로 중국 헤이룽장 성(흑룡강 성) 하얼빈에 있던 부대이다. 1932년 히로히토의 칙령으로 설립된 유일한 부대로 그의 막내 동생이 그 부대의 장교(고등관)로 근무하였다. 중일전쟁(1937-1945)을 거쳐 1945년까지 생물화학 무기의 개발 및 치명적인 생체실험을 행한 가장 악명 높은 전쟁범죄 부대였다. 원래는 태평양전쟁 전, 정치 및 이념부서로 설립되어 공식적으로는 '헌병대정치부 및 전염병예방연구소', '방역과 급수에 대한 업무'로 알려졌다. 하지만 적에 대한 사상범 섬멸, 정치적 선전과 일본군의 사상무장이 주 임무였다. 암호명 '마루타'는 '통나무'라는 은어였는데 지역 당국에는 제재소라고 했기에 그런 농담의 이름이 붙었다 한다.

실험에는 남녀노소, 심지어 임산부까지 동원되었다. 수많은 실험과 해부는 살아있는 상태에서 마취 없이 이루어졌는데 이는 실험 결과에 영향을 주지 않기 위해서였다. 의식이 살아있는 반시체 상태의 실험자는 소각 처리되었다. 팔과 다리를 얼게 한 후 망치로 두드려 절단하여 어는 시간과 동상상태를 실험하기도 하고 뇌나 폐, 간의 일부, 혹은 장기를 절재 제거하여 생체해부실험을 하였다. 세균을 주사하여 병의 진전 상황을 연구하기도 하고 생화학무기의 성능을 연구하기 위해 사람을 말뚝에 매어놓고 세균방출 폭탄을 시험하였다. 한국, 중국, 몽골, 러시아의 군인과 시민, 여자와 어린이를 포함한 약 1만 명의 사람들이 생화학병기의 실험재료로서 살해되었다. 731부대에서 개발된 생화학무기로 인해 수십만 명의 중국인이 학살되었으며 비공개자료에는 그 후에 일어난 큰 전쟁에 사용되었다는 비밀 보고서도 있다.

2005년 8월 2일 하얼빈일보는 생체실험 대상자였던 1,463명의 명단을 발굴 공개하였다. 지금까지 밝혀진 한국인 희생자는 6명으로 대부분 항일운동, 또는 반파쇼운동을 하다가 체포된 인물로 파악되고 있다. 그 중에는 이청천(독립운동가 1944년 체포) 이기수(1913년생 함북 신흥군 1941년 체포) 한성진(1913년생 함북 경성 생 1943년 체포) 김성서(함북 길주 1943년 체포) 등의 독립운동가들의 이름이 들어 있었다. 일설에 의하면 시인이며 독립운동가인 윤동주도 정체불명의 주사투여로 인한 '마루타'로 생을 마감하였다 한다. 마루타부대의 잔인한 행위는 현재 국제연합에 의해 전쟁범죄로 공표되어 있는 상태이다.

'마루타' 부대 기념박물관을 도는 순간 손바닥으로 입을 막고 다음엔 두 손바닥으로 얼굴을 가렸다. 그리곤 빨리 나가자고 팔소매를 끌었다. 인간이 저토록 잔인할 수 있을까. 하긴 실험대상자를 인간으로 보지 않고 동물로 보도록 가장 죄질이 나쁜 수용자들은 육모방망이로 때려 숨지게 했다니 그들도 인간이겠는지.

흑룡강도 흐르고 압록강도 흐른다. 흐르다 바람으로 증발된 독립 고혼들. 일송정 푸른 소나무에 등 기대고 앉아 하염없이 북녘 땅을 바라보고 있지는 않을까.

-11월 17일 순국선열의 날에

캐나다에 번창하는 무궁화

캐나다에서 가장 복잡한 거리는 토론토 시내다. 특히 요즘 같은 불볕더위에 출퇴근길의 정체는 차속에 앉아 기다리는 운전자들의 짜증이 폭발할 지경이다. 그런데 그 분주한 토론토 도심 중앙 분리 녹지대에 무궁화 꽃이 만발해 있다니 얼마나 반갑고 자랑스러운지 금세 더위는 자취를 감추어 버린다. 흰색 연보라색 아름다운 무궁화를 바라보노라면 기다리는 시간이 오히려 즐겁다.

'캐나다에 무궁화를 번창시키자' 라는 뜻이 합쳐 '무궁화사랑모임' (약칭. 무사모)이 탄생한 것은 지난 2003년이었다. 고 이상온 님이 주동이 되어 3만 주의 무궁화 묘목을 심으며 기세 좋게 출발하였다. 그러나 애석하게도 경험과 지식 부족으로 대부분이 얼어 죽거나 폐기처분되는 슬픔을 맛보게 되었던 것이다. 좌절에 빠진 무사모를 다시 세운 분이 김병선 현 회장이다. 행정 관청을 돌아다니며 끈질기게 호소한 결과 2006년 토론토 도심에 시 공원당국이 무궁화 묘목 65주를 중앙분

리대에 심게 한 것이다. 거의 일백여 이민족이 어울려 사는 캐나다에서 민족 그룹의 요청으로 특정 식물을 심어 준 것은 처음 있는 일이라고 한다. 이 거리엔 미국 총영사관을 비롯 토론토 시청, 온타리오주 청사 등이 몰려 있는 정치적 중심지인 동시에 병원 법원 등이 모여 있는 토론토의 심장 같은 곳이라고 불린다.

지난 2007년에 무궁화 식수 허가를 받아 마침내 제임스가든(James Garden)에 제1호 무궁화동산을 조성하게 되었고 금년 2월 공원관리책임자 그레그 맥도널드와 회의한 결과 한인회관 주위에 제2호 무궁화동산을 만들 것과 노스 요크(North York) 여러 곳에 무궁화 심기를 합의하였다. 지난 해(2011년) 11월 현충일에는 한국전쟁에 참전하여 목숨을 잃은 캐나다 병사 516명과 부상당한 군인을 기리며 감사의 뜻을 상징하는 빨간 리본 516개를 무궁화 나무마다 정성들여 매다는 행사를 벌려 캐나다 주민들을 감동시켰다.

토론토의 주요 지역으로 무궁화 나무가 점점 번창하게 될 뿐만 아니라 무궁화 묘목을 나누어 줌으로서 이제 한국 각 가정마다 무궁화를 심는 운동이 퍼져 무궁화 꽃과 함께 한국 민족의 긍지도 나날이 충천해지고 있다. 무궁화가 한국의 나라꽃이라는 것은 두툼한 초등학교 식물도감에도 사진과 함께 실려 있다. 묘목을 얻어 3년만 지나면 꽃이 피고 번식이 빨라 다시 묘목을 나누어 줄 수 있다. 다민족 틈에 끼어 살면서 정체성을 잃지 않고 아름답게 번성해가는 한민족의 얼을 보는 듯 우월감과 자부심을 갖게 한다.

무사모는 한국 캐나다 우호관계 증진에 훌륭한 민간외교관 역할을 하고 자라는 우리 자녀들에게 나라꽃을 사랑하고 애국심을 고취시키는 좋은 교사가 되어주고 있다.

그런데 한 가지 놀라운 사실이 있다. 무궁화 묘목장에 인접한 작은 도시 웰란드(Welland)는 '장미의 도시(City of Rose)'라 하는데 온 도시가 집집이 무궁화동산이다. 넓은 목장 주위에 줄지어 서 있는 무궁화 울타리는 장관이다. 무궁화를 '샤론의 장미(Rose of Sharon)'라고 부르기 때문일 것이다.

이제 곧 광복절이 된다. 올림픽 태극 전사들의 승리의 소식을 들으며 마을을 한 바퀴 도는 일이 신나고 즐겁다.

컴퓨터 키보드

희한한 일이었다. 철자나 단어가 틀린 것이 아니라 영어문자와 한글이 합쳐진 낱말이었다. 문맥으로 보아 무슨 뜻인지 가늠할 수 없을뿐더러 어떻게 스물여섯 자 영어알파벳 중에서 유독 이들 석자가 뽑혀 끼어들게 되었는지 신기하기까지 했다. …and쳐진 저항…

나는 컴맹을 겨우 면한 이른바 컴퓨터 구세대에 속한다. 하지만 아직도 상다리책상에 쪼그리고 앉아 원고지 칸을 메우는 유명 소설가님이 엄존해 계시니 그에 비하면 훨씬 신세대 재원이라며 웃음 섞인 칭송을 듣는 경우가 있긴 하다. 몇 년 전까지만 해도 종이에 펜으로 글을 썼으니까 눈이 핑핑 돌만큼 컴퓨터 문화가 발전된 건 그리 오래된 일은 아니다.

볼멘 변명을 시도해 보지만 정말 발전해도 너무 심해서 거의 구름잡기식이다.

익숙한 컴재돌이들은 머릿속에서 생각함과 동시에 열 손가락이 자판 위에서 춤을 춘다. 순식간에 글자의 크기, 색깔, 글

끝이 오르락내리락 좌우로 달리면서 한 편의 글을 깨끗이 종점까지 마감하는 것을 보노라면 손가락 끝에 글자가 있는 건지 혹시 컴퓨터가 요술에 걸린 것이 아닐까 넋이 나갈 지경이 된다. 그 중에서도 더욱 놀라운 것은 한글이 됐다 영어가 됐다 자유자재로 바꿈질하는 글자들이다.

'and'는 춤을 추다 헛발을 디딘 글발 탓이었는지, 아니면 도대체 무슨 스텝을 밟아야 될 자리였을까 자판을 주의 깊게 살피며 한참을 궁리해 보았다. …and쳐진?

영문 타자기 글자판은 1867년 Christopher Latham Sholes가 지금의 영문 타자기와 같은 배열의 Qwerty자판을 고안해 내고, 1874년 그가 창안한 표준배열 판은 만능글자판이라 규정짓고 오늘에 이르게 되었다.

한글 타자기는 안과의사 공병우 박사에 의해 1949년에 창안, 수동조작으로 개발되어 오다 1968년 기계식 한영 겸용 타자기를 발명하게 되었다. 80년대에 세벌식 한글 글자꼴(초성, 중성, 종성풀어쓰기)을 개발하여 가장 빠르고 편리하게 기계와 컴퓨터에 입력할 수 있는 방법이라 주장, 90년대부터 PC에 도입 보급하기에 이르렀다.

컴퓨터 키보드는 타자기의 자판과 비슷한 모양새를 가진 PC의 입력장치 중 하나이다. 현재 윈도우 운영체제기준에서는 한영 변환기를 합쳐 106개의 키보드가 가장 많이 쓰이며, 노트 북 PC의 경우 공간제약 때문에 104 혹은 이보다 적은 수의 키를 가지고 있다. 들여다 볼수록 궁금해지는 것은 자판의 배열이었다. 많이 사용하는 글자들을 가운데 줄에, 그리고 덜 사용하는 글자와 부호는 양옆, 첫째 줄과 셋째 줄에 배치했다고 하는데 한글 배열 역시 그 이치대로 따랐다는 것이다.

ASDFGHJKL에 겹쳐지는 ㅁㄴㅇㄹㅎㅗㅓㅏㅣ는 공병우 박사가 영문 타자기를 분해 연구하여 조립한 글자 배열이다. 생각 없이 습관적으로 손놀림에 익숙해지다 보니 한글 밑에 깔린 영자를 무심히 지나쳤었다. 세벌식 한글 풀어 쓰기는 자음 모음 받침 세 부분을 풀어서 세 번 찍어 글자를 만드는 방식이라는 것을 되짚어보다 번쩍 눈이 떠지며 깨달았다. and는 ㅁ ㅜ ㅇ '뭉'이었다. 원문도 '…뭉쳐진 저항'이었던 것이다.

새로운 발견이나 한 듯 우쭐하던 마음도 잠시, 영어 알파벳이 어떻게 이 부분에 끼어들었을까 의문이 다시 고개를 들었다. 분명 헛발을 내밀다 되돌아온 것이 틀림없을 게다. 너무 피곤해서였던지, 정한 시간에 쫓기느라 급했던지 교정을 보느라 밤을 하얗게 새웠다는 그에게 미안한 마음이 들었다.

'and'와 'ㅁ ㅜ ㅇ'을 내려다보다 흠칫 몸을 떤 것은 바로 이때였다. 자판의 글자들이 살아서 움직이는 환상 때문이었다.

분명 '뭉'을 생각하고 바른 자리를 찍었는데 글자들이 명령을 따르지 않고 변환을 마음대로 할 수 있다는 건 생명이 없는 무기체에선 상상할 수도 없는 일이다.

아직도 한글작품에 뛰어든 영자의 원인은 전혀 알아낼 수가 없다. 내가 컴퓨터에 대해서 알지 못하는 게 이것뿐이겠는가. 언젠가는 자판을 두드리지 않고서 눈짓만으로도 마음속의 글자를 척 척 찍을 수 있는 날이 곧 온다고 하는데…

크리미

누가 답을 알랴

광복 70주년이 되었다. 남북 평화통일은 언제 이루어질 것인가. 지난 11월 1일, 전 동독 정치국원 귄터 샤보브스키가 베를린의 한 요양원에서 타계했다. 그는 베를린 장벽 붕괴의 도화선이 된 역사적 말 실수의 주인공으로 더 잘 알려져 있다. '앞으로 모든 동독사람들의 국외여행을 허가한다.'는 내각결정을 알리는 기자회견에서 '언제부터 적용되느냐?'라는 질문에 '지금부터'라고 답한 짧은 한마디가 전부였다.

1949년부터 1961년까지 250만의 동독고급 두뇌들이 서베를린으로 탈출하였다. 이를 제지하기 위하여 베를린 장벽을 더욱 강화하여 1990년 붕괴될 당시는 이중 철조망에 4만 5천여 개의 강화콘크리트로 높이 3.6미터, 폭 1.5미터의 철웅벽으로 되어졌다. 꼭대기는 넘어가기 힘들게 매끄러운 파이프를 얹고, 그물철망을 씌우고 경보망과 300여 개의 경비초소, 30여 개의 벙커를 설치하여 엄중한 감시를 하였다. 61년 이후 탈출에 성공한 사람은 몇 명 되지 않으나 자유의 꿈을 장벽 밑 뜰에다 묻은 나무십자가는 200명이 넘는다.

1989년 한국을 방문한 빌리브란트 서독 수상은 독일 통일은 20, 30년 걸릴 것이며 한국이 독일보다 먼저 통일할 것이라고 하였다. 그러나 그가 귀국한 지 2주 만에 베를린 장벽이 무너진 것이다. 그 시간에 에리히 호네카 동독 서기장은 스위스에서 회담을 하던 중 급거 귀국하였다고 한다. 베를린 장벽 붕괴 후 329일 만에 독일은 대망의 통일을 이룩하였다.

전혀 예상할 수 없었던 일이었으나 독일인은 물론, 온 세계 많은 사람들은 독일 통일은 사람의 힘이 아닌 초인적인 힘의 역사였다고 주저함 없이 말한다.

장벽 옆, 라이프치히의 성 니콜라이교회 크리스티안 퓌러 목사는 공산정권에 대항하는 진정한 저항의 문을 교회가 열어야 된다고 생각하고 1982년 11월부터 매주 월요일마다 젊은이들을 모아 평화기도회를 열었다. 기도회가 끝나면 장벽주변을 한 바퀴씩 돌았다고 한다. 30여 명으로 시작된 기도회는 1989년 11월 9일 7만여 명에 이르렀고 이들은 양손에 촛불을 들고 "우리가 국민이다"를 외치며 끝까지 가두 평화시위를 하였다.

샤보브스키는 이날 저녁 7시에 세기의 말 실수를 하게 되었던 것이다. 흔히 상식으로 수용되지 않는 사실을 사람들은 신화라고 주장한다.

이스라엘백성들이 모세의 지팡이 끝에 갈라진 홍해의 마른 땅으로 건넜다는 성경이 사실이냐 허위냐 오래 동안 논쟁이 이어오던 중 한 팀의 천문기상학자들이 2년여의 연구 끝에 학설 하나를 내 놓았다. 자세한 수치는 기억에 없지만 요점은 강한 바람이 1초에 몇 마력으로 몇 분간 집중적으로 불면 홍해를 가를 수 있다는 것이었다. 출애굽 당시의 기상과 지리적 조건들을 추적하여 정밀하게 재고 계산하여 만들어 낸 보고서는 실제로 그런 일이 그 시기에 있었다는 것이다. 이스라엘백성이 강을 다 건너갈 시간만큼 약 40분간을 그런 상태로 있다가 바람의 방향이 바뀌면서 일순에 합쳐져 원상태로 되었다는 설명이었다.

이스라엘백성이 마른 땅으로 건널 수 있었던 것은 자연적인 현상의 결과이지 기적의 역사가 아니라는 주장인 것이다. 그러나 학자적 양심이 내린 마지막 결론은 그토록 강력한 바람이 왜 이스라엘백성이 쫓기던 바로 그 시간에 일어났는지는 알 수가 없다고 실토하였다.

사실상 샤보브스키는 출국 비자가 누구에게나 발급될 것이며 지금 당장부터 적용된다고 했을 뿐이지만 외신은 장벽이 무너졌다고 타전한 것이다. 왜 그런 실수가 일어났을까. 왜 그런 사건이 평화시위 직후에 일어났는지는 아무도 모른다.

북한이 4차 핵실험을 했다고 한다. 남북 평화통일은 언제 될 것인지, 어떻게 될 것인지. 누가 답을 알랴.

3월 첫 주일은 평화통일 염원의 날, 세계적 범종교적 기도일이다.

향로

통일의 날에 부르고 싶은 교가(校歌)

나는 아현초등학교, 이화여자중고등하교, 서울대학교 사범대학을 졸업하였다. 아버님의 직장관계로 함경도 북청에서 해방을 맞고 이듬해 월남하여 아현초등학교에 전학하였을 때 서울은 벌써 봄바람이 살랑거리는 3월이었다. 아침 조회시간에 높은 단위에 올라서신 선생님의 지휘봉에 따라 전교생이 우렁차게 부르던 교가소리는 운동장을 뒤흔들고 사방으로 퍼져 나갔다.

아침마다 모여드는 반가운 얼굴/ 언니 얼굴 아우 얼굴 대한의 모습 /에우게 고개는 희망의 고개/바르고 밝은 우리 아 현 // 공부할 때 운동할 때 빛나는 얼굴 / 앞만 보고 나가는 대한의 새싹/에우게 고개는 희망의 고개/ 굳세고 뭉치는 우리 아 현//

지금도 쟁쟁하니 울려오는 맑은 소리는 언제나 나를 끌고 교실마다 기웃거리게 하고 운동장에서 함께 뛰놀던 발갛게 홍조 띤 얼굴들을 떠올리게 한다. 교가는 학생들에게 한 학교의 전통과 학풍에 대한 자부심을 갖게 하는 특정의 자격증이라고 알게 된 것은 중학교 입학식에서였다. 특정 교가를 부를 수 있는 자격을 얻기 위해 어려운 시험을 치르고 재능을 겨루어 합격하여야만 되기 때문이다. 시험은 인생길에 닥친 자아 성숙의 첫 관문이라 할 수 있었다.

한줄기 새 빛이 동방에 비치니 /무궁화동산에 첫 봄이 왔도다/고목에 싹 돋아 꽃이 피오니 /성인이 이름 해 이화라 하셨네// 세뿔 메 큰 바위 우리의 지개요/ 한가람 큰 흐름 우리의 바람이라/반석에 터 닦고 잘 세운 우리 집/비바람 닥쳐도 겁낼 것 없도다// 튼튼한 몸으로 지덕을 겸하여/ 약한 이 힘 되고 어둠의 빛 되자/

중학교 입학시험이 인생에서 부딪친 첫 난관이라면 관문을 통과한 합격은 생애 첫 승리이고 성취였다. 입학식에서 교가를 부르던 소녀들의 초롱초롱한 눈동자들은 온누리를 희망의 열기로 밝히고 참되고(진眞), 착하고(선善), 아름답고(미美), 지혜로우며(지智), 믿음과 의리(신의信義)의 꽃봉오리들이 활짝 활짝 열리는 생명의 환희가 샘처럼 넘쳐흘렀다. 풀이 빳빳한 하얀 칼라의 교복을 단정히 입고 긴 머리 두 갈래로 땋아 늘인 소녀는 책읽기를 좋아하고 책 속의 진액을 흡수하면서 높고 깊고 푸른 꿈을 키웠다.

그러나 가장 노력을 많이 기울인 교가라면 단연 대학교 교가일 수밖에 없다.

가슴마다 성스러운 이념을 품고 /이 세상에 사는 진리 찾는 이 길을/씩씩하게 나아가는 젊은 오누들/ 이 겨레와 이 나라의 크나큰 보람/ 뛰어나는 인재들이 다 모여들어 /더욱더욱 융성하는 서울대학교// 단일해온 말을 쓰는 조촐한 겨레/ 창조하기 좋아하는 명석한 머리/ 새 문화와 새 생활을 이루어가며/ 즐겨하고 사랑하는 우리의 조국/ 뛰어나는 인재들이 다 모여들어/ 온 누리에 빛을 내는 서울대학교//

지금도 가슴이 뛰고 울렁인다. 학교 배지를 가슴에 달고 남자용인지 여자용인지 구분이 잘 안 되는 교모를 쓰고서도 마냥 자랑스럽기만 하던 대학교 입학식. 교가 합창은 오히려 남학생들의 울부짖는 사자소리가 되어 천지를 진동하였다.

돌아보면 우리는 교가를 부르면서 은연 중에 교가 가사와 교시대로 살려고 노력한 것 같다. 대한의 모습, 대한의 새싹으로 바르고 밝은 삶의 터전을 함께 이루며 누리자는 순박한 초급교훈에서 출발하여 고목에 싹이 돋고 꽃피듯 지덕을 겸하여 영육이 강건하여지고 더 나아가 약한 이 힘 되고, 어둠의 빛 되자는 삶의 방향계는 이웃을 돕고 베풀며 더불어 사는 너그러운 인간상을 깨우쳐 주었다. 겨레와 나라의 큰 보람인 인재들이 명석한 머리로 창조하며 새 문화와 새 생활을 이루어 가면서 사랑하는 조국에 기여하고 온누리에 빛을 발하라는 사명감을 안겨 주는 기원이며 이를 수용하고 다짐하는 화답이라고 볼 수 있다.

우리 세대는 교가의 단계가 올라가면서 격동하는 사회상을 함께 겪은 세대이다. 초등학교 교가를 부를 때 조국광복이 되었다. 중학교 교가를 부를 수 있게 되자 6·25사변이 일어났다. 대학교 교가를 이젠 다 불렀다 생각될 즈음에 4·19, 5·16사태가 발생했던 것이다. 교가를 부르노라면 그 시대적 배경 속에 묻힌 내 모습이 떠오르고 학교 건물, 뛰놀던 운동장이 아련히 기억에 살아난다.

교가는 좋은 친구, 원만한 이웃 그리고 성실한 국민으로 성장하고 세계로 뻗어가는 삶의 원천이기도 하다. 나라를 사랑하는 애국심의 씨앗도 분명 이때부터 심겨져 내 안에서 싹트고

개화하고 열매를 맺었다고 할 수 있다.

15년 전, 이화 창립 111주년에 '이화를 빛낸 상' 동창회상을 받으러 귀국했을 때 노천극장에서 재학생들과 함께 불러 본 교가는 눈물로 얼굴을 씻어 주었다. 이름 있는 고등학교들이 모두 강남으로 떠나버린 강북이지만 정동 돌담길을 끼고 돌아선 옛날 그 자리에 변함없이 지키고 서 있는 학교가 더 없이 고마웠다. 떠난 자식 돌아오기를 문 앞에서 기다리고 있는 자애로운 어머니를 만난 듯 얼싸안고 부르짖는 기쁨의 목울림 소리는 입안에서만 맴을 도는 것이었다. 한국에 갈 때마다 고향집을 찾아가듯 초등학교와 대학교 교정도 더듬었으나 교가를 불러볼 기회는 없었다. 신축하고 개축한 초등학교 교사와 이제 관악캠퍼스로 이사를 간 텅 빈 옛 서울대학교는 우리가 남긴 흔적의 메아리들만이 높고 낮게 울리고 있었다. 교가는 차츰 마음속에 담겨진 보석상자가 되어갔다.

조국을 떠나 온 지도 어느덧 40여 년이 지났다. 요즈음은 이곳 캐나다에서도 교가를 부를 기회가 가끔 생긴다. 주로 동창회와 야유회 등의 모임에서이다. 비록 쉰 소리이긴 하지만 그래도 한창 때의 패기와 열정을 목청껏 토해내며 세월의 골을 뛰어넘는다. 그런 날이면 집에 돌아와서도 교가를 흥얼거리며 들떠 있게 된다. 마음속에 감겨있는 묵은 테이프를 돌리듯 여학교, 초등학교 교가까지 계속 불러댄다. 신기하게도 교가 합창 뒤에는 거의 어김없이 '우리의 소원'을 부르는 것이다. 외국에 살아도 우리의 뿌리는 대한민국이고 조국의 민주평화통일은 가장 절실한 기원인 것이다.

지난번 서울대학교 하계동창야유회에는 작곡가 안 병원선배 님이 모처럼 참석하였다. 즉석에서 안 선배의 지휘로 '우리의 소원'을 부르게 되었다.

우리의 소원은 통일/ 꿈에도 소원은 통 일/이 목숨 다해서 통일 /통일을 이루자/

지난해(2012) '우리의 소원' 작곡 60주년 기념음악회를 미국 LA의 Walt Disney Center Hall에서 열었다고 한다. 바로 우리는 이 노래를 60년 전부터 부르며 자라온 백발의 어린이들인 것이다. 두 주먹을 불끈 쥐고 열창하다가 번개치듯 번쩍 깨달았다. 4천만 7천만 온 국민들이 60년을 한결같이 목 놓아 불러온 염원. '통일은 반드시 이루어진다'는 확신이 드는 것이었다.

독일 통일의 촉매제는 라이프치히의 '성 니콜라이교회' 성도들이 매주 모여 간절하게 드린 7년간의 평화기도회였다고 한다. '퓌러' 목사가 주도한 이 기도회는 처음엔 수십 명에 불과했으나 1989년 11월 9일 촛불평화시위를 할 때는 12만 명이 몰려가 철의 장막 베를린 장벽을 무너뜨렸던 것이다.

우리에게도 그날은 반드시 오고야 만다. 통일의 날 나는 함경북도 북청으로 곧바로 달려갈 것이다. 함흥에서 전학한 짧은 기간이었으나 해방이 되자마자 제일 첫 한국말로 부른 성동초등학교 교가를 운동장 한복판에서 큰 소리로 부르고 싶다. 곡조가 좀 흔들린들 어떠랴.

대덕산에 봉우리 높고/ 남대천에 물이 맑다/ 자연의 의기 몸에 받아서/ 성동 교내 의기 높도다

'통일 통일이여 어서 오라.'

호랑이부터 그리라

스승이라면 교사일 뿐 아니라 적어도 정신적인 영향을 끼쳐 준 사람, 삶에 있어서 사고력이나 행실에 진취적이고 건설적인 방향제시를 해 준 웃어른이 스승이며 은사일 것이다. 해마다 스승의 날이 되면 내 삶 자체 속에 분해 흡수되어 삶의 자양분이 된 스승님의 일화들이 줄이어 떠오른다.

초등학교 일학년 때였다. 함경도내 연구수업이 우리 학교에서 있었고 선별된 학급이 우리 반 산수시간이었다. 도내 연구수업은 외부에서 선발된 교사가 가르치면서 담임선생이 제대로 가르쳤는지를 시험하고 나아가 학교의 교사자질과 운영방법 등을 평가하는 시찰교육이었던 것이다. 보통 일학년 학생들은 산수시간에 답을 알면 손을 흔들며 저요! 저요! 시켜달라고 떠들어댔다. 도내의 장학관, 교장선생님과 50여 명의 선생님들이 빙 둘러선 가운데 수업이 시작되었다.

시범 교사는 키가 크고 목소리가 맑고 젊은 여선생님이었다. '사과가 5개 있는데 오빠하고 둘이 하나씩 먹었어요' 다음을 말하기도 전에 벌써 애들은 손 들 차비부터 하고 있었다. '몇 개 남았어요?' 그런데 선생님은 나를 지명하여 세우더니 '이 문제는 무엇을 묻고 있지요?' 하는 것이었다. 순간 담임선생님의 얼굴이 벌겋게 상기되는 듯하였다. 참관하던 교육관들도 긴장하였다. 다섯 개에서 둘을 빼면 세 개라고 답하는데 길들여진 학생들은 멀뚱히 담임선생님 얼굴을 쳐다보았다. '사과가 다섯 개 있는데 오빠하고 둘이 하나씩 먹었으니까 몇 개가 남아 있느냐? 묻는 문제입니다.' 또렷하게 대답하였다. 박수갈채와 최고 우수학생 상을 받았다. 시범 선생님은 내 머리를 쓰다듬으며 '훌륭한 사람이 되라' 고 하셨다.

이화여고 김숙동 영어선생님은 교내에서 최고 인기교사였다. 후리후리한 키에 함박웃음을 웃으며 학생들의 실없는 질문에도 격의 없이 잘 대응해 주셨다. 아마도 '고양이 목에 방울달기' 였을 것이다. 강의를 더 재미있게 하시려고 고양이를 칠판에 그린 선생님이 돌아서자 학생들은 폭소를 터뜨렸다. 전연 고양이 같지 않았다. '고양이 귀가 토끼 귀 같아요' '꼬리가 호랑이 꼬리 같아요' 그때마다 돌아서서 지우고 다시 그리기를 계속한 그림이 완성되었을 때 학생들은 또 한바탕 교실이 떠나갈 듯 웃음보를 터뜨렸다. 커다란 토낀지 호랑이인지의 그림이 손바닥만 한 고양이 비슷한 형체로 변해 있었던 것이다. '고양이를 그리려면 호랑이부터 시작해야 되는 거야.' 빙긋 웃으셨다.

어느 날, 단어해석을 하는 중이었다. QUEEN, QUICK, QUIET 같이 Q로 시작되는 단어는 반드시 다음에 U가 따라온다고 하셨다. '아무리 그럴까요' 별 생각 없이 나는 불쑥 그렇게 말했다. '그럼 네가 찾아봐. 네가 책을 만들면 내가 제일 먼저 사볼 테니' 하셨다. 선생님은 영어 실력은 무엇보다 어휘력이 풍부해야 한다며 단어 숙어집을 정해주고 첫 페이지부터 끝 페이지까지 무조건 암기하라고 하셨다. 무모하게까지 느껴지던 방법이었으나 그 힘이었는지 원하는 대학에 합격하였다.

신입생 환영식에서였다. 어려운 입시경쟁을 돌파하고 합격의 영예를 안은 신입생들의 모습은 천하라도 얻은 듯 자신 만만하였다. 모표가 붙은 베레모를 비스듬히 눌러 쓰고 승리의 표징인양 은빛배지를 달고 있는 가슴은 한껏 뒤로 제쳐있어 팽 팽 소리가 날 지경이었다. 푸른 하늘, 내려 쪼이는 햇살, 심지어 느슨하게 흘러가는 흰 구름까지 다 나를 위해 있는 듯 방향도 방법도 모른 채 의기만 충천하였다.

고광만 학장님의 축사는 신입생들의 뜨겁게 부풀은 머리정수리부터 찬물을 확 끼얹듯 정신이 번쩍 들게 하였다. '대학은 여러분을 긴 학문의 터널 입구까지만 데려다 주는 것입니다. 학문은 스스로가 탐구하여야 하는 것입니다. 신입생 여러분. 전공 비전공 가리지 말고 책을 읽으십시오. 적어도 일 주에 3권, 일 년에 150권 정도의 책을 독파하기를 권합니다.'

답을 말하기 전에 문제가 무엇인지를 먼저 파악하는 습관을 갖게 하신 시범 선생님, 큰 틀을 먼저 정한 후 필요 없는 부분을 과감히 수정하고 다듬어 이상을 완성하여야 한다고 가르치신 김숙동 선생님, 젊음의 왕성한 에너지를 독서에 쏟아 어느 분야든 총망라한 지적자산을 쌓게 하신 고광만 학장님은 가장 슬기롭게 삶의 폿대를 인도해 주신 스승이며 은사이시다. 이제는 작게 시작하여 튼실한 크기로 완성해 가는 법도 깨우치고, 어린이 영한그림사전을 출판하고, QANAT, QWERTY도 찾았는데 선생님은 이미 내 책을 읽을 수 없는 곳으로 떠나시고 함박웃음만 어른거린다.

'세 사람이 길을 가면 그 중 한사람은 스승이라'는 말이 있다. 그 한 사람은 너도, 나도 될 수 있다. 지식의 고집보다는 두루 어울려 조화를 이루는 지혜의 스승이 되고 싶다.

유리 국수

정월 초하루. 날씨는 청명하니 흰 눈 덮인 세상이 보석을 뿌린 듯 눈부시게 반짝인다. 토론토에서 오는 아이들이 걱정되어 공연히 창밖만 거푸 내다보고 있는 중이다. 은퇴하고 이사 오기 전까지만 해도 정초에는 온 가족이 한데 모일 수 있었는데 타운하우스는 아무래도 좀 비좁다는 생각이 든다. 서로 시간도 맞지 않아 오늘은 두 애들 식구들만 세배를 오기로 되어 있어 좀 서운하다. 세시 음식이니 떡국은 필수지만 아이들이 좋아하는 것으로 한껏 많이 정성들여 장만하였다. 잡채, 군만두, 청포묵과 두부부침, 그리고 찜 갈비를 잊지 말아야 한다. 떡 만둣국을 위해 만두를 따로 삶아 놓았다. 떡국 고명으로 계란부침을 가늘게 썰어놓고, 두부부침에 얹을 김을 바삭하니 구워 바수어서 봉해놓았다.

시간을 너무 일찍 정했나? 두 시간이나 달려 올 눈길을 걱정하며 다시 밖을 내다보는데 거의 동시에 밴 두 대가 도착하였다. 차문이 열리기가 바쁘게 와르르 아이들이 몰려드니 집안이 왁자하게 문 앞에서부터 붐빈다. '어서 와요!' 한겨울 찬 바람을 그대로 몰고 온 아이들이 환성을 지르며 차례로 얼싸안는다. 엇 차거. 차거운 볼을 부비니 부싯돌에 튕기듯 뜨거운 열기가 볼에서 온몸으로 흐르다 주위사방으로 환하게 번져간다.

인사도 하는 둥 마는 둥 먼 길 달려온 아이들이니 우선 떡국부터 먹자 하고 커다란 식탁에 둘러앉았다. '할머니 나 유리 국수 많이 줘요.' 세 살짜리 태현이가 제 아빠 옆 자리로 들어앉으며 소리 지른다. '응? 유리 국수?' 돌아보니 떡국에 들어 있는 당면을 손가락으로 가리킨다. '와. 시인 하나 탄생했네.' 어른들은 웃음보를 터뜨렸다.

아이들은 동글납작한 흰떡과 당면을 작은 접시에 덜어서 식혀가며 맛있게 먹는다. '너희들 설날에 떡국은 왜 먹는지 아니?' '나이 한 살 더 먹으려고요' 벌써 몇 번째인데 그걸 모르랴 아이들은 큰 소리로 합창하곤 다시 먹기에 바쁘다. 모두들 웃음으로 설날 식탁이 훈훈하다.

설날에 떡국을 끓이게 된 유래는 설날, 정월초하루가 천지만물이 시작되는 날인만큼 엄숙하고 청결해야 된다는 의미에서 깨끗한 흰 떡국을 끓여 먹게 되었다. 설날의 떡국은 천세병이라 하는데 떡국을 먹어서 나이 한 살 더하게 된다는 의미에서 붙여진 것이다. 또한 가래떡은 양기(陽氣)를 상징한다. 가래떡을 길게 만들어 식구들의 무병장수를 기원하고 새로운 봄을 맞아 풍요를 빌었다고 한다. 당면을 떡국에 넣는 것 역시 길다란 가래떡처럼 장수를 기원하는 의미가 담겨 있다. 국수는 음식 가운데 길이가 가장 길어 생일, 회갑연 결혼식 등 특별한 날 장수의 뜻을 담은 음식으로 먹었다. 결혼식에 국수를 대접하는 전통도 신랑신부의 수명과 결연이 오래도록 이어지기를 기원하는 뜻에서 기인되었음을 쉽게 짐작할 수 있다.

어렸을 때 떡국의 국물은 주로 꿩고기를 우려내어 끓여 주시곤 했는데 동국세시기에 꿩을 구하기 힘들면 대신 닭을 사용하는 경우가 있다고 하여 '꿩 대신 닭'이라는 말은 여기서 생겼다고 전해진다. 하지만 이곳 캐나다에선 꿩도 아니고 닭도 아닌 양지머리 소고기를 고와 낸 국물이다. 빵이 주식인 아이들이 떡국을 맛있게 먹는 것이 한편 대견하였다. 빵은 밀가루를 부풀려서 먹는데 떡은 쌀가루를 뭉쳐서 먹는다고 소화가 잘 안된다고 염려하는 이들도 있지만 한국음식을 잘 먹어주는 아이들이 기특하고 고마워서 기분이 자꾸 들떠진다.

40여 년 전 처음 미국에 왔을 때가 떠오른다. 만 한 살 반의 큰아들은 토스터가 무척 신기하였다. 하루는 잠에서 미처 깨지도 않았는데 빵 타는 냄새가 진동하였다. 바쁘게 아래층으로 내려가 보니 카운터에 올라앉아 식빵 한 줄을 전부 토스트하는 중이었다. 자동으로 톡톡 튀어나오는 빵이 재미있어 연신 빵을 집어넣고, 튀면 받아서 한편 카운터에 수북이 쌓아놓으면서 깔깔대고 있었다.

그러든 그가 며칠 지나더니 '엄마 밥 줘' 하였다. '아까 밥 먹었잖아.' 아침으로 잼 바른 빵과 우유 한 잔을 다 마신 터였다. '아니 빵 말고 밥알 있는 밥말이야' 하며 서운한 투정을 부렸다. 상자 곽에 담은 양쌀 밥을 냄비에 지어 놓고 이번엔 반찬이 시원치 않아 또 불만이었다. 된장찌개 김치생각은 어른도 간절하던 참이었다. 양배추 김치가 익으면 십여 명의 한인들을 전부 모아 잔치를 벌리던 때가 어제인 듯 떠오른다.

지금은 한국식품 재료는 더 다양하게 구할 수 있지만 식생활이 양식화되어버린 아이들이 간편하게 속성으로 조리되는 음식만 찾다보니 한국음식은 특식이 되어 자주 먹을 수 없는 음식이 되었다. 모든 문화의 근간이 되는 요소는 음식이고 함께 누리는 밥상에서 인정이 솟아난다고 한다. 한국 전통음식을 멀리 한다면 결과적으로 한국문화와 멀어진다는 뜻이다. 떡국에 부침개, 갈비찜을 맛있게 먹던 '태현'이가 유리 국수 한 가닥을 높이 쳐들고 후루룩 빨아들인다. 맑고 투명한 성품으로 지혜롭고 건강하게 오래 오래 장수하라고 입속으로 가만히 축원한다.

화병

Andalusian Pilgrim

It was very early in the morning when we arrived "Mijas" in Spain, which means "Lookout Tower of the Mediterranean Sea". At the moment dense fog was slowly fading out washing faces of mountains. There appeared a clean white hillside village. I felt as if I was soaked in a huge mass of cotton ball, being cozy and comfortable both in body and mind. It was already 6th day of our whole trip, that is half of this travel' s total schedule. The reason I could have good memories of Mijas may be because I spent the first 6 days very hard to adjust. We had to fly overnight from Toronto, Canada to Barcelona, Spain with a time difference of 6 hours. We arrived on 8 o' clock in the morning hardly resting in the plane. Then two guides from the travel company took us right away sight showing around the city all day. We managed barely to get in bed around 10;00pm, and the next morning they forced us wake up at 4;00am to catch a flight to Lisbon, Portugal on 7;00am. We had been walking average 15,000 to 20,000 steps everyday on a rough pebbled roads.

This was my first experience that I joined a group tour more than 10 persons except when we traveled the holy land, Israel pilgrimage with church members. Including a driver, and 2guides, there were 40 people in a bus riding together on a narrow rough mountain roads. Surely, rubbing sleepy eyes, these travel schedule were not easy one at all. Eventually, we recovered from the time differences and were able to perform everyday routines such as putting heavy suite cases to the bus every morning to begin new explorations. Truly, we became more tired not only physically, but also spiritually.

We became more intimate with other tourists in the bus, because my husband tried to make friends easily with group members in the bus. The tour became more friendly, joyous and pleasant with jokes and heartly laughter noises between two guides' announcements. The loudest laughing sounds came from 3 ladies who came from Boston, USA. Actually they are friends living in a neighbourhood for almost 10 years together. They were so brave that they left behind their children and working husbands to join this journey. Tall or short, noisy or quiet, they looked all different showing also different personalities. The shortest, younger one behaved like a leader showing good humors and energetic actions. She introduced herself as a marathoner and said she ran every year the Boston Marathon. Another interesting couple joined. They studied in the New York city together achieving PhD. and the wife got a job in a Chicago university. Because of their job situation, now they had to live separately in two different cities complaining it was difficult to match the same vacation time schedule. So this tour meant a significant match after long time separation as like a piece of gold nugget. All the members of this group were so eager to catch most valuable memories from this trip and also leaving behind all sorts of worries and unpleasant stresses at works.

When the bus arrived at Mijas, after a brief introduction from a guide, we were scattered to find better sightings and some went to ride a horse wagon. We chose to stroll around the beautiful village on the mountain. As we remembered of some experience in the Victoria Island, Vancouver, Canada the awful smells sitting behind a horse buggy are not endurable, we decided not to go near the horses on this misty and dumpy day.

We walked slowly through a narrow winding alley toward the mountain top and down to the other direction, peeking over the low white walled houses, picturesque beautiful flower gardens, gift shops.

The whole village seemed to be a piece of fantasy lands of children' s story book. When we approached the end of alley, we could look over the open sea, the Mediterranean, that calmly soak in milky sky.

The village was so beautiful and peaceful that for a moment I thought the way commons live are all the same wherever in the world. They are friendly and nice, but intimate feelings are more in villagers than city dwellers.

As it was very early in the morning, gift shops were not open yet, but when we passed through a flash, one store had a light on. All of a sudden, the world around me was sparkling clean and brightly white. An old man who just opened the store starting days' work displayed shelves of bone china, porcelain products looked white all over. With a face expressing a full white smile he showed us around in the store world famous porcelain products that are very delicate and fragile. "Grandpa" suddenly a little girl around 7 or 8 years old shouting ran into the store. The old man ignoring us rushed to the girl and hugged her in his armful. They looked so happy each other and we just came out nodding "Bye" to them. Slowly walking up the hill I started to recall the scene we faced in the store, an old man and a little girl. I had a strange urge to buy something from the old man. The old man was happy to greet us when we came back in. It reminded me of very warm love from my passed grandpa again. Even though we could not communicate in Spanish, he was eager and busy wrapping the goods eg. a porcelain flamingo dancer with full smile. He opened the glass cabinet stand beside cashier and took out one small mascot made of porcelain. "Sangre-la" was a lizard of cure.

It had a small diamond studded in the center of its back.

It was a little earlier than the time we had to gather at the Village center square. We lingered around and found a copper statue of Donkey which they believe an animal of the city. If you happen to ride on it, they say the rest of your journey will be peaceful and comfortable all the way through. So we tried to ride on the cold copper Donkey according to the mythology.

The Boston marathoner gave me a handful sugar coated almonds which she bought during the waiting time. We learned that the almonds are another specialty of Mijas and she asked us where we went. We showed her the gifts we bought and she praised the porcelain figure of flamingo dancer. And then looking at the Sangre-la mascot on my hand, she envied so much to keep saying you did really best excursion. I felt fingering the mascot in my pocket and boasting myself that I rode the cold copper donkey, I trusted my rest of this journey should be comfortable and peaceful one. I don' t need to worry any more.

No sickness and happy life will follow me all the way to the end. Far distant from the cave church, elegant sounds of bell travelling through my cave of heart clearly.

Discovery of reality and existence, miracles

Sometimes I have felt like dawdling in the bed, because my whole body became so weary that I did not want to get up soon. My mind seeking the source of tiresome traced the past times as if the body glued tightly to the bed. Since I accomplished nothing yesterday, it is very hard to begin a new day with a shame. I want to do better today.

In fact I feel a bit of petulance because of exhaustion even if I have not done anything. Whatever it might be breathless efforts or strict objects, rather I have to get up suddenly from the bed making a loud spring sound, as if blaming the vanishing memories dimly.

In the early morning coming down to the living room, I was greeted unexpectedly and brilliantly by two full blooming flowers. Sure enough, yesterday evening two blossoms just as buds were brought from a Hamilton Church as a gift. I put them in a glass jar without any special attention. During the night the flowers bloomed and the air atmosphere of the house completely changed. The power of two flowers is so enormous that flash shock emerged and energized my whole body and soul. Everywhere rusty hinges made squeaky sounds in every corner of the room.

Every morning our task of a day starts from Mall-walking without any special commitment, but today my mind stepped quickly as if many tasks that waited so long like huge piles unfolded. I felt the time capacity is so big as given in a day that my decision to fill the empty space is not enough to fulfil, and this certain fact makes objects of my whole living. The results ended up without any evident achievements, and the languid desire covered my whole life like a dim shadow.

My living activity suddenly stopped as the winding spring was broken in a toy. Before I had acted like a toy kinetically when the spring winded running over everywhere actively. In addition it has been already 3 weeks passed My computer lost power of Internet. Strangely I could not open it getting into Cafe and the computer blinking, connecting suddenly stopped, and then only the screen turned white. Nothing was shown but numbers of visits accumulated through a whole night 85 times visited. I decided to turn off the computer and travelled away.

I wished to escape from the frustrating ordinary common life hoping that I will be renewed to do all the many things I want to do in any given day like a certified check is revived from bound fictitious checks. While, I have met various events, clearing my thoughts in the brain and washing cleanly lungs with winds from mountains and seas. I have returned home with ambitious hopes of recharging my body and soul, even new life styles.

However, confronting reality is not what is expected. The ugly features of lawn, punched out green grass like alopecia disgusted my expectations. Before the trip, the lawn was vividly green, and started to grow. Now even the soil under a big maple tree looks like an old red hat worn out and weeds thrived so much to bring shame to the next neighbour' s lawn. As herbicides are illegal to be spread, one to one battles against weeds and herbs started like to abolish the evil. Everyday weeding and topsoil with fertilizers, watering eagerly had been in vain. To look for grass seeds, I opened the garage door where murky smell of dust poured out among the gray faint light.

Incidentally missing grass seeds, I happened to focus on shelves above my head and between two shelves I almost screamed to find something of black mass. Oh my God!!! A long stem of several flowers hanging appeared from an old vase of Amaryllis between the shelves. I have forgotten the vase with a dried root after flowers faded and fallen last winter. In the dark garage the Amaryllis flowered budding by itself even without watering.

Carefully replacing the vase not to ruin the flowers from the shelves I brought the vase to the room. What a miracle!! The flowers brighten the whole house and my soul with the name as The Royal Dutch Amaryllis. The joy to watch the winter flower at the mid-June made a sentimental recollections, at the same time another emotion shuddered through my soul and body. "If I could not find you there, you alone bloomed and faded out there sadly alone."

Anxiously the flowers are waiting for our attention and affections!!! Now I realized that between flowers and myself there must be a thin wall and we could be easily agitated; one seeking the life and another myself seeking the hidden story about the reality of flowers' existence. As yesterday passed, looking toward tomorrow, maybe the empty checks of tomorrow can be credited with certified checks as income flows.

I have felt life is continuity of miracles and also earnest search creates appearance and discovery of existence. The existence must be another Miracle.

손정숙 수필집

영원한 희극

1쇄 인쇄/ 2017년 1월 05일
1쇄 발행/ 2017년 1월 15일

지은이/ 손정숙
펴낸이/ 김주안
펴낸곳/ 도서출판 진실한 사람들
주소/ 서울특별시 종로구 삼일대로 457 수운회관 713호
Tel/ 02-730-3046~7
Fax/ 02-730-3048
E-mail/ munvi22@hanmail.net
http://cafe.daum.net/VisionLiteraryArts
등록번호/ 제300-2003-210호
ISBN/ 978-89-91905-68-9

값 12,000원